進階肌力訓練
La méthode Delavier de musculation III
解剖聖經 2

進階肌力訓練
La méthode Delavier de musculation III
解剖聖經2

進階肌力訓練

La méthode Delavier de musculation Ⅲ

解剖聖經 2

附加大手繪
肌肉解剖圖

高手只做不說的關鍵檔案

善用進階技術刺激肌肉進步
認清身體型態進而發揮特長
運用科技移除進步的絆腳石
解決程度越高越難進步的困境

旗標
FLAG

Frédéric Delavier
Michael Gundill 著

林晉利‧萬明岳‧李恆儒‧宋季純 合譯

目錄

1 解剖構造與身體型態進階版

2 訓練及復原技巧

進階訓練技巧

高科技肌力訓練方式

3 肌力訓練動作解析

4 進階訓練課表

參考文獻

作者簡介

Frédéric Delavier

他在巴黎高等美術學院學習五年的形態學和解剖學,並在巴黎醫學研究院研究三年的解剖學,不僅是健身專家,也同時是藝術家。他擔任過 PowerMag 總編輯,並為多家健身刊物撰稿,包括《Le Monde du Muscle》,《Men's Health》和《Ironman》等。1988 年獲得法國舉重冠軍,並於 1999 年贏得體育作家協會頒發的體育技術與教學獎。

Michael Gundill

他已撰寫 16 本有關肌力訓練、運動營養的書籍,包括與 Frédéric Delavier 合作的解剖書系列已翻譯成多國語言,並為全世界知名健美和健身雜誌撰寫 500 多篇文章。1998 年獲得加州健美健身與運動學院頒發的年度文章獎。他自 1983 年開始練習舉重,接著學習生理學、解剖學和生物力學的知識。並持續為各健美和健身雜誌撰寫文章。

譯者簡介

林晉利

曾任體育大學運動保健學系 / 研究所系主任及專任副教授
美國有氧體適能協會 AFAA 榮譽顧問
體育署國民體適能指導員術科考試召集人
美國運動醫學會體適能教練檢定官
美國肌力與體能訓練協會 CSCS 及 CPT 大中華區培訓講師

李恆儒

美國奧勒岡大學 人體生理學博士
臺灣師範大學體育學系副教授
台灣運動傷害防護學會理事長
台灣運動生物力學學會理事
台灣運動醫學會監事
美國運動傷害防護師檢定合格
美國肌力與體能專家檢定合格

萬明岳

體育大學運動保健學系碩士
清華大學生醫工程與環境科學學士
合格運動傷害防護員
美國肌力與體能訓練專家 NSCA CSCS
武術專長
日本語檢定 JLPT-N1

宋季純

臺灣大學醫學系
臺灣醫師國家考試及格
臺灣小兒科專科醫師
台灣感染症專科醫師
台灣運動醫學醫學會會員
聯合醫院仁愛院區小兒科主治醫師

前言

繼前作《進階肌力訓練解剖聖經》針對精選運動的肌肉解剖與動作做了深入的剖析，本書《進階肌力訓練解剖聖經 2 - 高手只做不說的關鍵檔案》再將範圍擴大，系統性的介紹前書未列 入的運動，並為健身者面臨的三個重大問題提出解答（建議兩本書搭配閱讀）：

1 程度越高，越難進步

在入門時期肌肉量較小，要快速提升肌力並非難事，但是當肌力已經趨近身體的極限，要百尺竿頭更進一步時就會遇到更大的挑戰，往往需要運用特殊方式召喚出平時鮮少動用的身體素質，才能將整體能力推至更高處。

2 不正確的觀念侷限訓練的多樣性

在健身房和網路上流傳著許多觀念，源自於業餘愛好者無根據的推想，往往缺乏正確性卻被奉行不疑，非常有可能導致運動傷害，也讓訓練的型態變得單一而貧乏，最後可能進入無法突破的撞牆期，務必破除這些迷思以拓展自己的視野。

3 長期訓練下來反覆遭遇的老問題如何解決

體能越強，需要花更多心力移除進步的絆腳石，具體來說像是：如何在肌腱疼痛期間仍然訓練手臂肌肉？有背痛或膝蓋疼痛時該怎麼訓練大腿肌肉？諸如此類的問題將會在本書中深入探討。

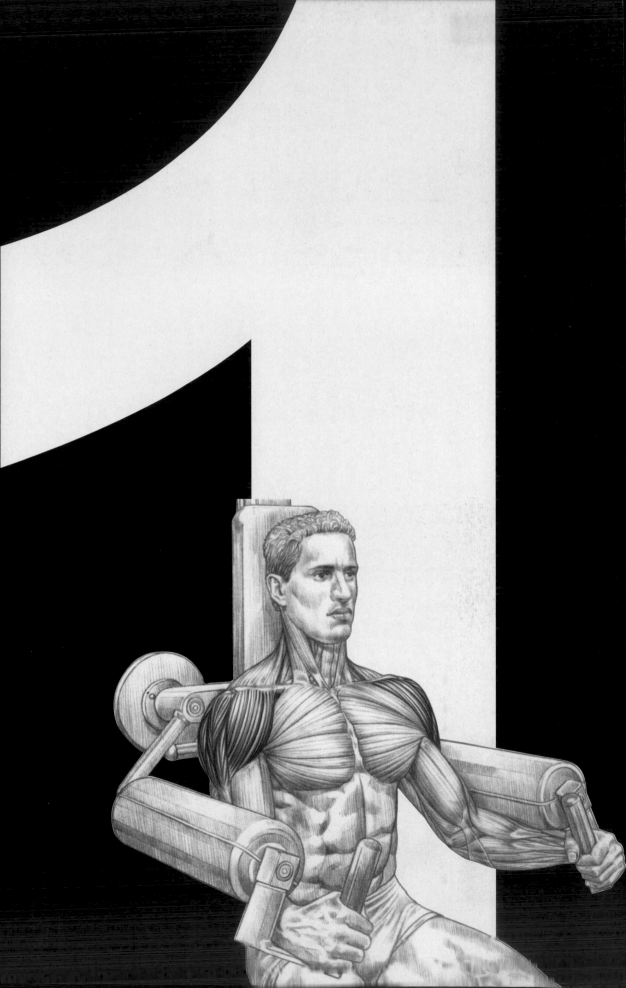

解剖構造與
身體型態進階版

不瞭解自己的身體構造,會拖慢訓練進度並引發疼痛,因此本書將從介紹肌肉骨骼的解剖構造開始,協助運動者將自己獨特的身體形態融入動作中,並剖析常見運動傷害的原因。

透視自己的解剖構造與身體型態

在肌力訓練的過程中,我們可以完全掌握自己的動作。雖然天生的身體型態無法選擇,每個訓練者仍可挑選最適合自己的運動,因此擬定訓練計畫的首要考量不是運動本身,而是訓練者的型態特殊性,從最適合而非最熱門的運動開始。

有些人就是做不到正確的深蹲

本書作者 Frédéric Delavier 以前是健力選手,他一直有個難以克服的問題:深蹲時上半身太過前傾。雖然教練持續提醒他要抬高軀幹,但他始終做不到。因此他透過對自己身體型態的了解,找出為何會過度前傾的原因,也明白有些人的身體構造就是沒辦法在深蹲時保持軀幹朝上。

解剖構造與身體型態:容易混淆的觀念

你在進行深蹲時,是否常被叮嚀要抬高上半身呢?健身者常認為不標準的姿勢才造成不正確的動作,只要改正姿勢,動作就會正確,而任何人只要動作做得正確,就沒有不適合自己的運動!但實際上這樣的想法忽略了每個人解剖構造與身體型態的差異,在追求絕對的動作正確性時,別忘了就是有些大腿股骨較長的健身者,再怎麼樣也無法把背部挺直完成深蹲。

沒有適合所有人的完美運動

藉由對身體構造及型態的了解，可以選擇適合自己的運動以降低受傷風險，而不是別人做什麼就盲目跟著做。如果教練本身是股骨較短而能直背完成深蹲的人，不應強求股骨較長的學員也一定要做到。

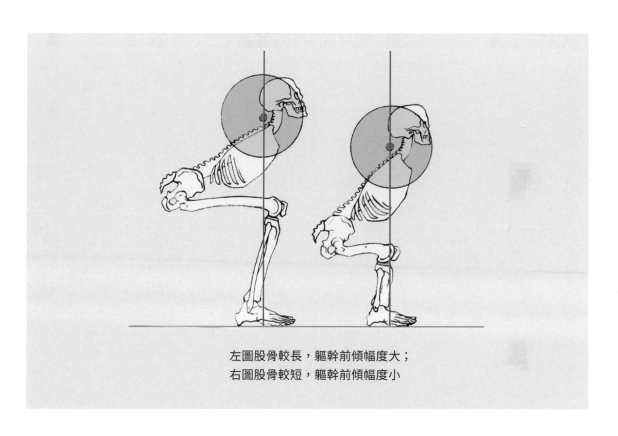

左圖股骨較長，軀幹前傾幅度大；
右圖股骨較短，軀幹前傾幅度小

因此我們必須打破「深蹲、硬舉和臥推是肌力訓練不可或缺」的觀念，盲目地遵循過時的想法最後只會引發疼痛、就醫甚至是手術。我們要注意勿將舉重／健力與肌力訓練這兩個領域弄混了，在舉重／健力領域，選手會調整動作以配合自己的身體型態（可能有益或有害），因此身體條件比較好的人就佔便宜。
試想一位臥推活動度 40 公分的人，面對一位活動度僅有 20 公分的競爭者，就很難佔到便宜（譯註：亦即身體型態是影響成績的重要因素；編註：例如有裝備健力比賽的服裝就是用來限制活動度，如此力量可以更集中）。至於肌力訓練則比較自由，未必只能做適合身體型態的運動，只是必須先了解自己獨特的身體型態做出正確選擇。

維特魯威人的身體比例是否真實？

「維特魯威人 (Vitruvian man)」是達文西繪製的人體素描，呈現的黃金比例固然完美卻不近現實，而且在運動員族群符合此比例的人少之又少。

實際上前臂可能比上臂稍長，而小腿比大腿短等等，這些差異不僅影響視覺效果，更決定了肢體執行各種運動的力臂長度。

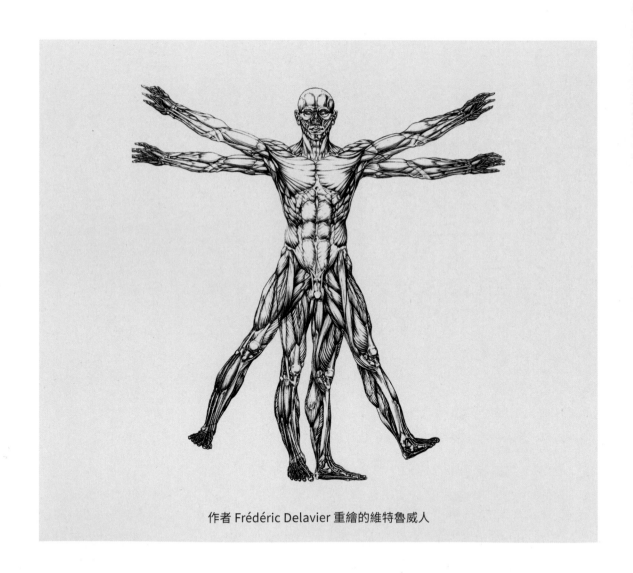

作者 Frédéric Delavier 重繪的維特魯威人

理論上我們應該用尺測量素描人體和自己身體的差異，但是一方面差異很小，

另一方面骨頭的精確長度難以測量，這樣的比較會因為誤差過大而偏離真實。

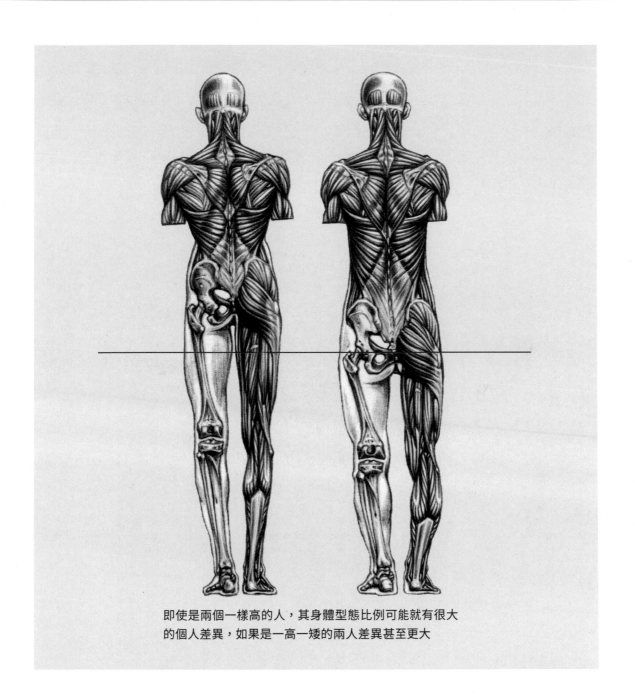

即使是兩個一樣高的人，其身體型態比例可能就有很大
的個人差異，如果是一高一矮的兩人差異甚至更大

「比較」是了解自己身體型態最好的方式，大部份時候用目測就足以區別自己的身體型態和黃金比例間的不同，本書提供的圖示也可以協助讀者更容易在視覺上辨識出常見的差異。剛開始會覺得有點複雜很正常，試著去觀察世界健美冠軍的體態，看多了之後，很容易就能分析身體型態的差異了。秘訣就在於有「比較的基準」，因此探索自己的型態最好透過照片比較，而非對著鏡子打量。

簡單的原則

除了少數例外狀況外，大多數都適用下面的基本原則：

■ 身長越長的人，四肢（尤其是下肢）相對於軀幹的長度越長、關節活動度越大、動作的伸展期也越長（因而越容易受傷）。

■ 身長越短的人，四肢（尤其是下肢）相對於軀幹的長度越短、關節活動度越小、給人較能負重的印象、動作的伸展期也越短（因而較不易受傷）。

不過上述通則對一般人成立，但對健身者卻未必，與其比較肢體的「絕對長度」，反而是與其他肢段的「相對長度」做比較更為重要，才能提供更多個人資訊來微調訓練動作。

分析手臂長度

以上肢來說，每個人前臂長度的變異度遠比上臂來得大，因此前臂長度對手臂總長度的影響更大，這是與軀幹比較而來的相對長度。

長上肢

狀況 1： 此為最常見的狀況。雖然上臂相對較短，但前臂代償性的增長，使得總長度仍然較長，健身者會感覺上臂的增肌比前臂快速。

狀況 2： 另一種可能。上肢較長是因為上臂與前臂等比例的增長，在訓練上肢肌力的難度上會比狀況 1 來得高。

狀況 3： 最為少見。較長的上臂配較短的前臂，這樣的組合機率非常低，是因為青少年階段前臂的成長通常比上臂來得快速，健身者會感覺到前臂的增肌比較容易，因為肌肉較短。而上臂越長的人，二頭肌就越難練出漂亮的肌腹。

❶ 前臂較短顯得較粗壯。　❷ 前臂較長看起來較細，受傷風險也較高。

短上肢

狀況 1： 最少見。上臂較短，前臂有代償性增長，但程度不足以完全抵銷，這樣的型態會給人二頭肌與三頭肌很強壯的印象，訓練的進步也很快，幾乎所有健美冠軍都有這樣的特色，視覺上有驚人的粗壯手臂。

狀況 2： 另一種組合。上臂與前臂都較短，這種型態給人的感覺是手臂粗壯到甚至詭異的程度。

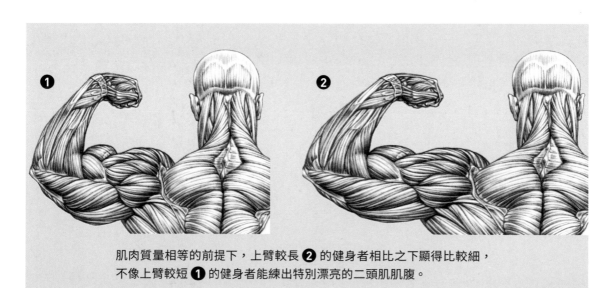

肌肉質量相等的前提下，上臂較長 ❷ 的健身者相比之下顯得比較細，
不像上臂較短 ❶ 的健身者能練出特別漂亮的二頭肌肌腹。

手臂長度的實際影響

手臂長度的個人差異可能影響到許多體育活動的表現，例如拳擊選手的手臂長度決定了出拳範圍，進而影響到他的攻擊型態；又如健身者，手臂型態不僅影響其選擇的肌力訓練動作，也決定了訓練的難度、效率、以及更重要的 — 受傷的風險。

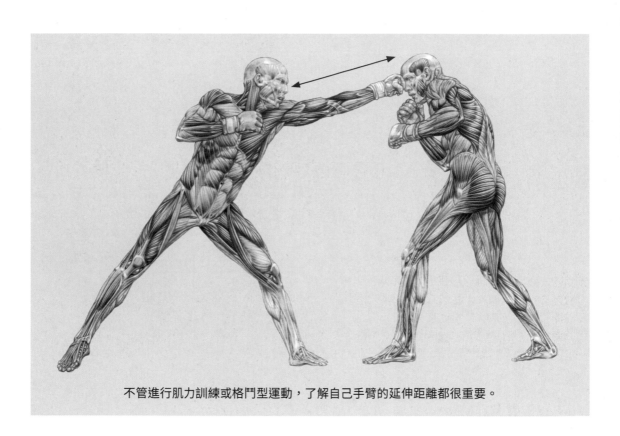

不管進行肌力訓練或格鬥型運動，了解自己手臂的延伸距離都很重要。

型態對上肢訓練的影響

下列描述適用於前臂較長的健身者：

■ 此類健身者進行二頭肌與三頭肌的單關節運動時，會將手肘往後拉到軀幹後方，以彌補力臂較長所造成的不良槓桿位置。

■ 如果使用二頭肌訓練板（Arm Blaster）或斜板（Larry Scott biceps bench）輔助二頭肌彎舉時，這些器材會令他們的手肘無法後縮，限制代償的結果造成只能使用較輕的啞鈴來訓練。

■ 因此採用單獨訓練二頭肌或三頭肌的健身器材就顯得沒那麼適合，也的確許多器材的設計都會阻止手肘自然後縮。

■ 使用這類健身器材可能迫使手臂處於不自然、甚至容易受傷的姿勢。

■ 前臂較長的健身者做槓鈴彎舉時多採取寬握姿勢。

■ 此類健身者進行槓鈴三頭肌伸展時多採取窄握姿勢，並傾向將手肘向外分開以彌補前臂的不良槓桿位置。

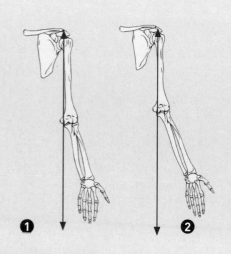

❶ 前臂越短，手掌離上肢長軸的距離越近，即使有肘外翻者亦然，❷ 而前臂越長，手掌離上肢長軸的距離越遠，有肘外翻者更明顯，肘外翻的相關問題很多（詳見《進階肌力訓練解剖聖經》與《粗壯手臂鍛鍊聖經》）。

前臂超長的健身者進行二頭肌彎舉或三頭肌伸展時會受到阻礙，此時大可以將手肘後縮（右圖）達到代償，不一定要勉強保持手肘與軀幹齊平（左圖）。

所有會防止手肘後縮的健身器材，較適用於前臂短的健身者。

前臂長度越長，越難以窄臥姿勢完成槓鈴二頭肌彎舉

下列描述適用於前臂較短的健身者：

■ 進行上肢訓練時能舉起較大負重。

■ 上肢相關的健身器材較適用於此類型態的健身者。

■ 此類健身者進行槓鈴二頭肌彎舉時多採取窄握姿勢。

■ 此類健身者進行槓鈴三頭肌伸展時多採取寬握姿勢。

型態對胸部訓練的影響

前臂長度與胸大肌肌腱柔軟度並沒有必然的關聯，不能因為前臂較長就理所當然地推定肩關節具有較大的活動度、或肌腱自然有較高的柔軟度，這三個變項是各自獨立的，如果沒有認清這點，在肌力訓練的歷程中早晚會引發運動傷害。

當槓鈴上的重量越大，在動作的盡頭越能伸展肌肉與肌腱組織，但同時拉傷的風險也會成指數增加！對所有形式的推舉和臂屈伸動作都是如此。

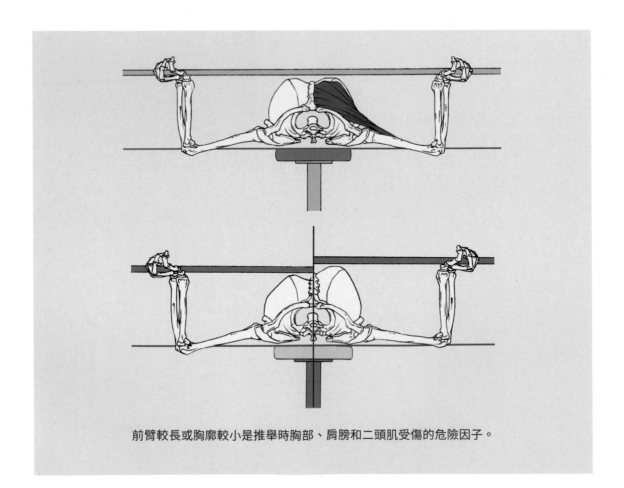

前臂較長或胸廓較小是推舉時胸部、肩膀和二頭肌受傷的危險因子。

臥推時的活動度取決於前臂長度和胸廓大小，而這兩個因素之間沒有必然的相關性。

進行牽涉抓握重量、器材把手或滑輪的單關節運動時，前臂較長者的肌肉伸展幅度較大，相對的受傷風險也較高，而在動作盡頭不自覺的將手臂彎屈是很正常的，因此這類健身者不必認為自己動作有誤，更不用勉強調整姿勢與前臂較短者一樣。

不過這些訓練過程中的收縮期，前臂長的人雙手會更快碰在一起，意味著動作

幅度可能不會太大，壓縮了肌肉的伸縮幅度，使得訓練本身效率降低且風險升高。這時選用滑輪的好處就是容許雙手跨過中線，不需在雙手碰觸後提早終止動作，前臂越長，雙手交叉跨中線越能彌補損失的活動度。

以啞鈴飛鳥動作為例，前臂越長者，二頭肌的遠端肌腱承受張力越大，斷裂的風險也越高，以飛鳥機訓練也是同樣狀況（手臂都是打直的），如果換成蝴蝶機，胸肌出力時手肘彎曲且有靠墊，就可以避免肌腱撕裂的風險。

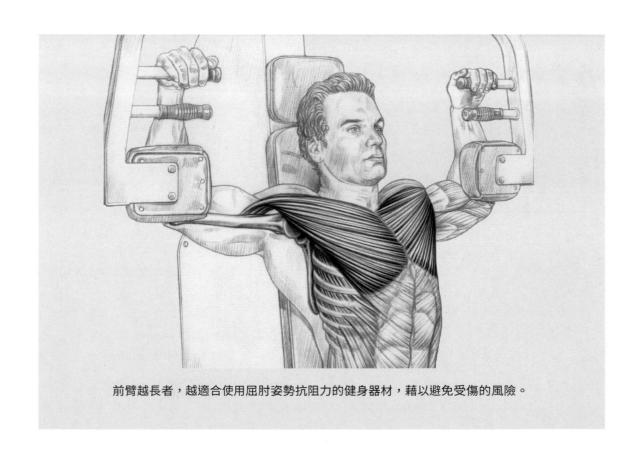

前臂越長者，越適合使用屈肘姿勢抗阻力的健身器材，藉以避免受傷的風險。

上肢長度越短，尤其前臂越短，則：

- 進行平舉、站姿划船、面拉 (face pulls) 及推舉訓練時上肢肌肉越有力，同時關節受傷機率也越低。

分析軀幹長短

軀幹的長度對外型美感有很大的影響，軀幹越長，背闊肌相對位於背部的越上方，強化了背部與臀部之間有凹陷的視覺效果，但不要讓視覺效果誤導了我們對型態的分析。

對於腹肌較長的健身者，或許背闊肌長度夠，視覺上卻看起來相對較短，假使其背闊肌較短，兩者長度的差異會更被放大得更懸殊；相反的，對於腹肌較短的健身者，如果背闊肌長，看起來會顯得比實際長度更長，假使其背闊肌較短，反而會因為視覺效果而不覺得短。

另外軀幹越長的人，肩膀就顯得越窄；肩膀越寬的人，腹肌就顯得越短。

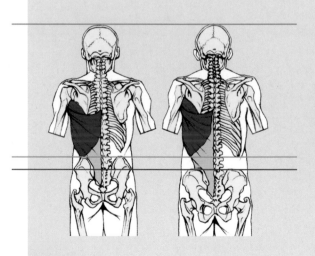

假設兩人背闊肌大小相同，軀幹越長的人顯得肌肉越短。

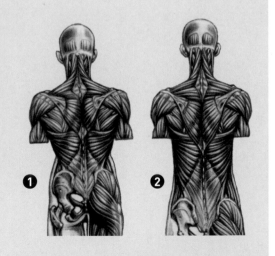

❶ 腹肌較短可讓背闊肌看起來沒那麼短。
❷ 腹肌越長會使得背闊肌看不出有實際上那麼長。

腹部與胸腔的比例

腹直肌長 / 胸廓窄

一般來說，我們都會對擁有結實修長腹直肌的運動員報以讚嘆，事實上腹直肌越長，橫向的肌間筋膜（tendinous intersection）就越明顯，也越容易練出俗稱的「六塊肌」。

而肌間筋膜越明顯，腹直肌看起來越美觀，也越容易練出美麗的線條，只是天生腹直肌長的人，比較容易出現左右不對稱且大小不一的「六塊肌」。

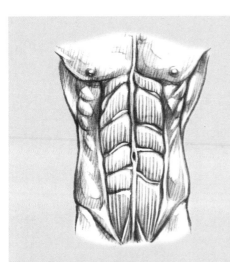

腹直肌較長者容易左右不對稱，即使加強訓練也很難改變。

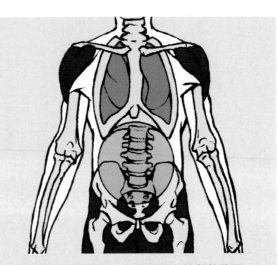

擁有好的身體型態，才容易練出美觀的腹肌。

有些人的肌間筋膜數較多（肌間筋膜與肌間筋膜中間是肌腹，也就是肌肉的本體），使得腹直肌最下面一段的位置較低，此段肌肉若低於肚臍高度，定義為「肌腹較短」（即肌纖維較短），這種肌肉型態的訓練效率高；而此段肌肉如高於肚臍，則定義為「肌腹較長」，這種肌肉型態不僅外觀欠佳，訓練效率也差。

腹直肌較長的人，通常會擁有較薄較窄的腹斜肌，讓視覺上窄腰的效果更為加強，不過這類人的下背肌肉訓練不易，發生腹股溝疝氣的機率會增加。

當臀部越窄，股骨頭越垂直（髖內翻，coxa valga），股四頭肌看起來越細越直，走向較垂直於地面，向外側膨出的幅度越小，供肌肉增長的空間也較小。當然肌肉還是可以向前增生，令側面看起來很可觀，但正面看起來就不特別肥大，通常肌肉的曲線也較不明顯，因為此種型態的股四頭肌通常較短。

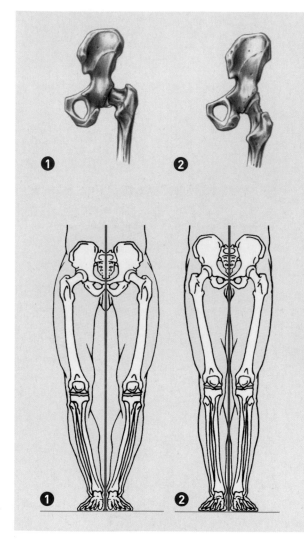

❶ 股骨頭較水平。

❷ 股骨頭較垂直。假設大腿肌肉質量相同，股骨頭越水平，骨盆在深蹲或硬拉時的穩定度越高；而股骨頭越垂直，使用槓鈴訓練下肢時骨盆的穩定度越差。

❶ 下肢越彎曲呈卵形，股骨頭方向越趨近水平。

❷ 下肢型態若呈 X 型，股骨頭方向越趨近垂直，活動度越大的同時，以自由重量訓練的穩定度也越差，增加大腿肌肉的負擔，假使下肢太不穩定，最好使用機器輔助深蹲，或以腿部推舉取代深蹲，使骨盆獲得更好的支撐。

在骨盆較窄的型態，髖骨位置向後延伸較多以支持較大的臀肌，在骨盆較寬者髖骨向後延伸有限，也侷限了臀肌的發展。

由上可知，強壯的股四頭肌不利臀肌增長，而發達的臀肌則不利於股四頭肌的增長，很難兩全其美。

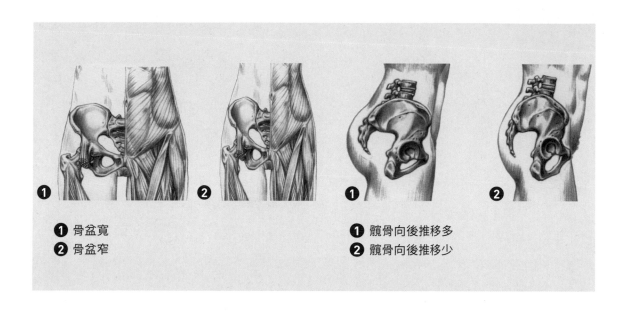

① 骨盆寬
② 骨盆窄

① 髖骨向後推移多
② 髖骨向後推移少

腿後肌附著在骨盆較內側，受骨盆寬度影響的程度較股四頭肌小，解釋了為何腿後肌不會像股四頭肌一樣向外膨出，

直接影響腿後肌型態的因素另有專文詳述（見第 3 篇腿後肌的內容）。

雙腳間距差異

不同運動需採用不同的雙腳間距。以深蹲為例，股骨較長的人可以將雙腳間距加寬來代償，想要徵召較多的內收肌也可以如法泡製；以舉重的抓舉和挺舉為例，如果能將雙腳距離盡量分開，則舉起槓鈴後的穩定度就越高。

大多數人都能隨意改變雙腳間距，仍有少數受限於骨盆內部構造而無法做到，每個人的髖臼（股骨頭藉以附著在髖骨的凹窩構造）方向差異頗大，如果髖臼朝外而非朝前，就能使大腿較易向外分開。

一般情況下股骨頭是近乎球型以利旋轉的，但有些人的股骨頭較接近卵形，使得雙腿在一定角度內容易分開，但超過此角度就是極限了，這類人若要騎摩托車或騎馬會有困難。

這樣的限制與軟組織的柔軟度無關，光靠伸展無法改變骨頭結構，或許可以強迫關節移動到某個限度，但很快就可能引發慢性疼痛與關節損傷，這類的人最好採用較窄的雙腳間距，或選擇不同的運動。

由下往上看骨盆：❶ 髖臼朝向側面，大腿較易分開，用大重量訓練大腿時穩定度較高，
❷ 髖臼朝向前方，限制大腿分開的角度，通常骨盆的穩定度較差。

觀察外觀

我們可以透過觀察外在輪廓了解自己的身體型態：上肢、下肢、腹直肌長短、
肩膀與骨盆寬窄等等，但是看不見型態的骨頭（例如股骨的走向）要怎麼觀察？

關於這點，只要記住骨頭型態對於肌肉外觀有決定性的影響，我們可以觀察肌
肉來推測骨頭型態，同樣的，關節（尤其是髖關節）的活動度也可以提供進一步
的資訊。

短大腿 / 長大腿

以肌力訓練的角度來看，大腿短的人訓
練難度較低，並不是說能夠輕易擁有發
達的大腿肌肉，但一定會比股骨長的人
容易得多。

股骨長的健身者要練出厚實的大腿肌肉
難度較高，因為他們需要更大質量的肌
肉才能包覆整個股骨。

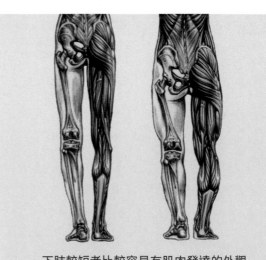

下肢較短者比較容易有肌肉發達的外觀

短大腿

第 1 種：天生的矮個子健美冠軍型態：擁有非常短的股骨配上相對較長的小腿，令大腿看起來超級發達。因為大腿較短，進行所有訓練股四頭肌的多關節運動時都處於有利位置，使增肌效率提高。

第 2 種：較常見的型態：股骨相對脛骨較長，訓練出發達小腿的難度較低，但多加努力也可以訓練出不錯的大腿肌肉。

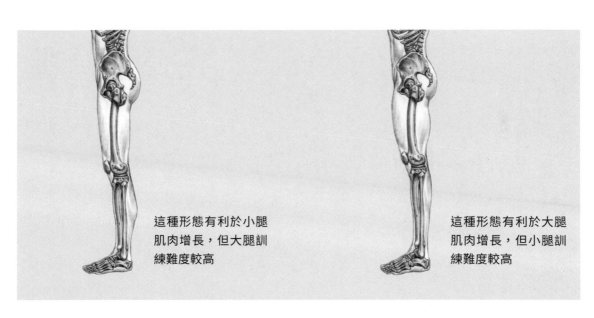

這種形態有利於小腿肌肉增長，但大腿訓練難度較高

這種形態有利於大腿肌肉增長，但小腿訓練難度較高

長大腿

第 1 種：天生的短跑者型態：股骨長而脛骨更長，訓練大腿肌肉有難度，要發展出強壯的小腿更難，進行哈克深蹲（hack squat）時覺得強壯有力，但做腿伸屈（leg extension）動作就比較吃力；以健身器材進行哈克深蹲或腿推舉（leg press）時，雙腳多少會在平台上下滑動，如果脛骨越長，對大腿的訓練效率越高，但也可能會令膝蓋產生扭轉。

第 2 種：天生的高個子健美冠軍型態：脛骨相對較短，促進小腿肌肉增長，股骨較長使得訓練難度較高，但並非無法克服。對此類健身者來說，使用很重的自由重量做訓練不僅危險，訓練效率也不好，選用圓形軌跡的健身器材（見第 3 篇股四頭肌的內容）可以大幅提升效率。哈克深蹲有難度，腿伸屈則簡單得多。

肌肉長度對訓練的影響

無論股骨長短，股四頭肌延伸到膝蓋越低處，對訓練的反應越好，只要認真照表操課就一定看得見回報。然而股骨越長者，股四頭肌越有可能附著在膝蓋的較高處，使得訓練難度增加。最不利的組合就是超長的股骨配上超短的股四頭肌，即使用非常大的重量、也正確執行訓練，還是很難練出美觀的肌肉形狀。

❶ 延伸到膝蓋較低處的股四頭肌，增長空間較大
❷ 沒有延伸到膝蓋低處的股四頭肌，增長幅度受限

短跑選手的大腿：健身者的反例

典型的短跑選手都有修長的大腿和強壯的小腿肌肉，雖然肌肉不長，肌腱卻延伸很遠，不只是小腿肚、股四頭肌、股內收肌，腿後肌也多少是如此，這樣的身體型態創造了絕佳的力矩，藉由長肌腱傳導力量，此外較短的肌肉也減輕肢體的重量，有利於身體的動態推進。

相反的，跑者肌肉越長，大腿重量越重，阻礙了爆發性的動作，粗壯的小腿肚只會拖慢抬腿的速度，從物理原則推想跑步速度也較慢。

上半身 / 下半身 訓練的兩難

對於短跑身材的健身者，通常下半身的訓練成效有限，相對地他們上半身卻天生易於練出壯碩又平衡的肌肉，尤其是天生就修長的上肢及肩膀肌肉；此外因為肩膀較寬、腹直肌較長，這類人的胸肌通常不好練，而背部的肌肉即使夠長，也被腹肌襯托得看起來比實際短。

不過因為肌肉較長而擁有發達大腿的健身者，通常軀幹的肌肉較短而生長得較慢，造成上下半身的比例很難均衡，當然也有很少數的健美冠軍是例外，那是因為他們全身的肌肉都長，可以練成均衡的肌肉比例。

小腿對訓練的影響

分析小腿訓練的特性時，不能僅由肌肉的觀點來解釋，因為骨頭結構對肌肉增長有決定性的影響，包括脛骨的長度及跟骨大小都是重要決定因素

脛骨短 VS 脛骨長

一般而言，身高越高則四肢的骨頭就越長；下肢越長，小腿相對於大腿也越長，不過這種型態比例並非最有利於健身，因此在高階健身族群中反而比較少見。事實上脛骨越長者，腓腸肌通常越短而肌腱越長，這種型態肌肉質量不足以填滿所有空間，會引發一連串問題。

矛盾的是，肌腱越長，肌肉越能藉由肌腱做出又強又具爆發力的動作，即使腓腸肌並不特別發達，運動員還是可以負荷極大重量完成小腿訓練，只是再怎麼強力訓練也不容易看到效果，這部分常令人難以理解。

小腿肌肉發達的健身者通常擁有較短（甚至非常短）的脛骨，搭配往下延伸至接近腳跟的肌肉和較短的肌腱，只要肌肉質量增加一些，腓腸肌體積看起來就迅速變大。

跟骨短 VS 跟骨長

除了脛骨長度外，還有許多型態上的因素會影響小腿肌肉發展，其中最重要的就是跟骨，即便跟骨長度只差了 0.5 公分，卻可大大改變整個骨架與肌肉的外型，讓小腿看起來有很大的差異。

通常跟骨較短的人連帶脛骨也較窄較短，跟骨較長的人則脛骨也通常較寬較長。

脛骨短而肌肉長的組合有利於小腿肌肉發展，甚至沒怎麼訓練也可以很肥大。

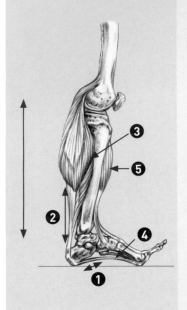

跟骨越短則：

❶腳踝的活動度越大，但產生的力矩越弱；

❷越需要有力的小腿肌肉來彌補，才能在跨出每一步時順利墊起腳尖，而為了累積最大量的肌肉纖維，肌腱相對變短，以讓出空間給小腿的肌肉生長；

❸小腿肌肉越朝內外側開展，以累積最多的肌肉量。如果肌肉長但沒有向側面膨出，則小腿雖然有力看起來卻不會太發達，只有肌肉又長又向側面膨出，才會創造最壯觀的小腿肌肉；

❹足弓越高；

❺脛前肌越長、越發達。

脛骨長而小腿肌肉短可以讓人跑得又快又持久，但是即使認真訓練仍不容易擁有肥厚的小腿肌肉。

跟骨越長則：

❻腳踝活動度與柔軟度較差，不過創造出的力矩較大；

❼應付走動所需的肌肉量越少，因此可容許較長的肌腱長度；

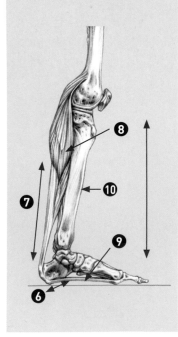

❽小腿肌肉向外膨出程度越低，因此形狀又短又窄；

❾足弓越扁平；

❿脛前肌越短、越不發達。

脛骨與跟骨越長，需要投入更多時間訓練小腿，才能達到期待中的外觀，但無論肌肉多短，持之以恆訓練最終都會看到效果的。

結論

健身者務必分析自身型態的優缺點，據此設計客製化的訓練菜單。舉例來說，認為自己上肢較短者，實際上可能有很長的肱骨。

在這樣特殊型態下，即使二頭肌看起來不像其他部位那麼發達，是否代表真的發展落後呢？也許二頭肌對訓練的反應正常，只是需要更多生長時間才能填滿較長的上臂空間；也許是肱骨較長且無論怎麼訓練，二頭肌就是不會增大。

這兩種狀況對訓練的反應是完全不同的，前者肌肉正常生長，只要訓練夠久一定可以達到增肌的效果，後者對訓練沒有反應，需要從根本改變訓練的方式、頻率和技巧，以求提升訓練強度。同樣的原則也可以延伸到股骨較長或脛骨較長的人身上。

肌肉長與肌肉短：先天還是後天？

隨著上下肢骨頭的生長，上面附著的肌肉長度也跟著改變，這過程不完全是基因所控制，還會受肌肉附著位置及產生的動作影響，當肌肉附著在跨關節越遠處，越需要增加長度以產生夠大的動作，同時要變肥厚以彌補肌力的不足，然而假使關節沒有達到最大活動度，則肌腱的增長會比肌肉顯著。舉例來說，慣用腳尖走路的兒童，小腿肌肉常處於縮短位置，因此肌腱的延長會比肌肉快；而慣用腳跟走路的兒童，小腿肌肉常被延伸，肌肉的延長就相對比肌腱明顯。

知名的健美先生 Chris Dickerson 即使先天跟骨較長，仍然擁有驚人的小腿肌肉，原因何在？只是因為他小時候跳了多年的芭蕾舞，有很長時間是踮著腳尖，使得腳踝有很好的背屈 - 蹠屈活動度，足以改變先天的身體條件。

不過這樣的後天修正，過了青少年時期就沒什麼用了，成年後肌肉要變長不是骨頭變長就是肌腱變短，但這兩個狀況都是不可能發生的，即使有些肌肉增大的過程看起來似乎有變長，例如三頭肌的內側頭，因位置比較顯眼，訓練增大後看起來好像變長，不過當年紀漸長後，活動度一降低又會收縮變短了。

建立暖身程序

暖身動作是傷害預防的起手式，隨著訓練進展，暖身的過程會越來越複雜。初學者的身體像台普通汽車，但健身運動員的身體卻像一級方程式的賽車，駕駛兩種不同等級的車需做的準備當然天差地遠。前者只要發動引擎踩下油門就可以開了，後者免不了發動引擎、確認煞車、檢查輪胎等一連串的標準程序，在各級運動員的暖身動作也可以看到類似的差異。

一個完備的暖身程序包括三個元素：

1 全身暖身

2 弱點部位的暖身

3 目標肌群的暖身

各部位的體溫差異

我們常說正常體溫大約落在攝氏 37°C下，但這樣一概而論容易引起誤解，所謂的 37°C是指最適合心臟與腦部（海馬迴）運作的溫度，而腸道溫度卻常常達到 39°C以維持消化功能。越遠離軀幹、越接近體表的部位溫度越低，皮膚表面的溫度變動很大，從關節表面的 25°C到肌肉表面的 31°C都有。

此外也不是所有肌群都具有相同溫度，肌肉的溫度與它們的位置（與產熱中心的距離）有關。隨著肌肉厚度不同，肌肉的中心與表面溫度差異可達到 6°C之多。在暖身之後，肌肉內部的溫度會漸趨一致，但是在每組動作之間，肌肉外圍降溫會比中心快，以最邊緣的肌腱為例，休息時的溫度通常低於攝氏 30°C，可能和此處缺乏血液循環有關。

目前並不清楚有利於肌肉表現的最佳溫度是多少，不過結締組織要維持彈性（不易產生撕裂傷）的最低溫度至少要超過攝氏 39°C，而且平均每提升 1°C組織強度會增加 2.8%，但溫度太高也會有害處！為了降溫而採用局部冷敷會讓肌肉變得僵硬，肌肉溫度從攝氏 35°C降至 28°C則僵硬程度會增加 35%，這效應將使得肌肉伸展時撕裂的風險提高 [5]。

結論：暖身程序應該是經過深思熟慮的主動策略，而不是隨興就好。首先要了解肌腱不僅是溫度最低的組織，同時也是最難升溫的部位，不良的暖身即使提升了全身溫度，肌肉的增溫卻仍然不足而肌腱還是處於低溫，除了阻礙訓練的表現外，也會開啟受傷的大門！在本書第 4 篇訓練計畫的內容中，將針對每個肌群提供適切的暖身程序以避免上述問題。

全身暖身

暖身讓體溫升高可以促進體能表現、降低受傷風險。研究顯示下午的體能表現會比早晨多出 2-6%，因為下午的平均體溫會高出 0.7℃[1]，此外體溫微幅升高也可以直接促進神經傳導和肌肉收縮[2]，早晨暖身如果做得徹底，可讓體溫比傳統熱身多提高 0.5℃，進而消彌上下午的肌力差異，這些證據在不同的研究之間都得出類似的結論[3]。

在進行大重量的腿推舉之前，除了針對腿部肌群之外也加做全身暖身（心肺運動），比起單做腿部暖身可提升 8% 的肌力表現[4]。

中心體溫的升高固然可改善體能表現，但也不宜過度升溫，當體溫高於靜止體溫 4℃以上，反而會因過熱而妨礙表現，最適宜肌力表現的中心體溫大約是攝氏 38.5℃。

除了心肺運動外，本書也建議加做次數較多的蜷腹（crunch）為腹肌熱身，當腹肌被活化可連帶引發腎上腺素大量分泌，進而幫助全身更快熱起來。

弱點部位的暖身

確實有些肌肉是相對不易受傷的，但也有許多解剖上的弱點部位，只要退化就能讓運動員遭受重大傷害，包括二頭肌長頭、棘下肌、棘上肌、前臂和膝蓋的肌腱，這個清單不長，需要依照個人結構的缺陷以及任何浮現出的痠痛做個別調整。

本書將在暖身計畫的章節（見第 4 篇）詳述每個主要肌群的弱點部位，帶出針對個別部位非常精確的暖身動作，假使沒有任何解剖概念，這些範例中的動作看起來可能很沒道理，其實每個動作都有特定的目的，會在文中解釋緣由，這些針對脆弱部位的暖身動作必須在進入主要肌力訓練前完成。

目標肌群的暖身

這是最簡單的部分，從小重量開始進行課表內的第一個動作，然後逐漸增加重量，因為提昇中心體溫會比提升特定肌肉溫度來得容易，先讓全身升溫後目標肌群的暖身會比較有效率，假使在冬天訓練會更突顯其效果，對奧林匹克等級的運動員來說，冬天訓練的受傷率是夏天的兩倍[6]。

相同的，對於正在進行低熱量飲食的人，能量受限會反映在基礎代謝率的降低，造成體溫微幅下降，加上肌肉受飲食影響也變得脆弱，都會提高受傷的風險。

上述的暖身三部曲結構非常完整，但人們很常忽略掉前兩步驟，尤其是弱點部位的暖身，造成運動員把小傷硬撐成慢性疼痛的狀況，例如二頭肌長頭肌腱部位的典型疼痛（容易被誤認為無法解釋的肩膀前方疼痛）

只要遵循本書提到的暖身課表，多半都能快速擺脫這些惱人的問題，但假使健身者常常在弱點部位的溫度尚未提升前就進行訓練，已經造成無可彌補的傷害，到時再開始認真暖身就太遲了。

 一旦完成暖身就要避免降溫，拿爆發性運動員為例，身體從熱到冷可以降溫達 1.6°C，足以使其表現衰退 4%[7]，因此環境溫度才是選擇衣物的考量原則，而非流行趨勢。

每組動作之間利用大毛巾覆蓋保暖，尤其是間隔時間較久時：

- 訓練軀幹時覆蓋肩膀
- 訓練下肢時覆蓋大腿，特別是膝蓋

大腿肌肉血流豐富，若不保暖可能會導致中心體溫降低，讓人感到發冷[8]，這種狀況可以用第二條大毛巾作為阻隔以保護軀幹；當氣溫炎熱在訓練上半身時，可用毛巾覆蓋軀幹，並穿短褲透過大腿肌肉散熱；訓練下肢的日子則穿輕薄的運動褲配短袖上衣，促進上半身的體溫調節。

受傷風險隨年齡遞增

醫學研究發現，若身體活動量相同，年紀 45-75 歲的族群受傷風險是 25-44 歲族群的 2.5 倍[9]，如果這樣的數據為真，該由什麼角度來解釋呢？

肌腱的血液循環隨著年齡增長而遞減[10]，組織修復和癒合速度也變慢，同時許多修復不完全的微小創傷逐漸累積，理論上應該在健身日之間預留較長的恢復期，才能跟上修復進度，但這並不切實際，因此可以理解為何訓練數年後會累積越來越多的傷勢。

荷爾蒙波動導致關節過度活動

有時健身者可能發現關節穩定度不若從前，這現象稱為關節過度活動，常見於肩關節，某些狀況極端的人甚至連肩膀脫臼了也不覺得痛或造成受傷，這並非憑空想像出來的，韌帶的鬆緊度可能每天都有變動，與健身的內容未必相關。

注意： 假使肩膀的過度活動會引發疼痛，那就是關節不穩定，這種狀況會以慢性疼痛表現，將在肩關節的段落中詳細探討（見第 3 篇肩膀的內容），忽略關節的過度活動將導致慢性疼痛與失能！

鬆弛素的功能

鬆弛素 (relaxin) 是一種胜肽類荷爾蒙，屬於類胰島素生長因子的一員，過去都認為鬆弛素是女性才會有的荷爾蒙，在懷孕過程濃度會提高，幫助骨盆肌肉放鬆以利生產，但最近的研究顯示，在男性運動員體內的鬆弛素分泌量其實平均和女性一樣多[11]。

鬆弛素的接受器位於韌帶組織中，男性女性都有[12-13]，而接受器的密度是由雌激素所控制，進而決定了肌腱對鬆弛素的反應，某些運動員暫時性的關節過度活動現象，就可以用雌激素濃度突然上升來解釋。當女性運動員服用避孕藥期間，雌激素的起伏變得不明顯，則會使鬆弛素的濃度下降[14]。

鬆弛素直接作用在韌帶使其軟化延展，如果體內鬆弛素濃度增加，對於依靠許多韌帶維持強度的大關節（如肩、踝、膝、髖關節）影響特別大[15]。

對運動員而言，鬆弛素不完全是個壞的荷爾蒙，因為它是一種合成性（anabolic）的生長因子，對於肌肉組織特別有效[16]，它也能促進肌腱的膠原蛋白重新排列，修復受傷後的疤痕組織。

如果鬆弛素的擾動期間不超過一週，都還算是正常現象，假使肌腱修復期持續太久，建議還是接受運動醫學專科的評估（只要確定醫師能理解我們所描述的症狀），並試著將鬆弛素的提升視為必要的深層清理程序。

不過在膠原蛋白重新建構的同時，肌腱與韌帶的張力也會暫時下降[17]，而關節的過度活動和缺乏柔軟度一樣，都是引發運動傷害的重要危險因子[18-20]。這也

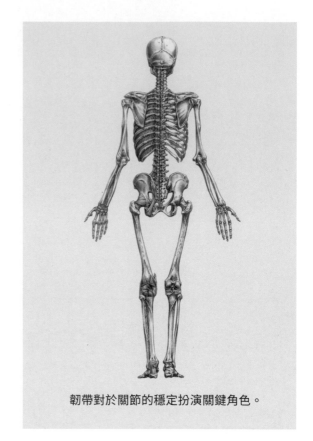

韌帶對於關節的穩定扮演關鍵角色。

說明為何運動員體內鬆弛素的增加會提高受傷風險[21]，下一章節將說明如何避免這種情況。

柔軟度會影響傷害好發的部位

肌肉柔軟度高的運動員，肌肉與肌腱受傷的風險較低，柔軟度可以保護肌纖維，避免微小的撕裂傷害。

但是柔軟的肌肉可提供的關節穩定度較低，特別是用大重量進行肌力訓練時，這令關節產生一些位移，除非關節結構非常穩固，否則通常受傷機率都會增加。

相反的，軟組織較僵硬的運動員關節穩定度極佳，受傷機率較低，不過肌肉與肌腱反而較容易發生撕裂傷，這也說明為何男性運動員發生肌肉傷害的機率比女性運動員高，而女性運動員則好發肌腱與韌帶傷害。

總而言之，個人柔軟度的不同會改變肌肉或關節受傷的風險[21]，從事肌力訓練或體育活動時應多加留意。

疲勞：關節過度活動的另一成因

高強度的肩膀訓練後，由於穩定關節的肌肉已經疲勞，也會導致暫時性的關節過度活動[22]，這種情形只需要注意鍛鍊的部位，例如預定要做胸部的大重量訓練前一天，就應避免進行肩膀訓練，以免肩關節肌肉因疲勞而降低穩定性。

疲勞時本體感覺會變遲鈍

研究顯示身體越疲勞，對肢體的精細動作控制力越差[23]，最後可能不自覺地做出不良姿勢而受傷。建議不時將自己的動作錄影查看，尤其是訓練尾聲的那幾組，這是本體感覺降低最明顯的時候，從影片才會發現實際動作和自己以為的樣子差距有多大！

除此之外，身體上的疲勞還會帶來平衡感降低[24]，因此最好將需要平衡感的動作（例如深蹲）安排在訓練的一開始，以免疲勞時平衡感變差導致受傷。

結論： 越進行到訓練尾聲，受傷風險越高。

天氣與關節疼痛的關係

人體的關節利用內外壓力的差距將骨頭「吸附」在一起，因為外在的大氣壓力大於關節內壓，使關節達到穩定的狀態。當天氣變得又濕又冷，大氣壓力的改變會破壞關節的壓力平衡，特別是關節受傷的人對此變化很敏感，關節會腫脹積液，導致：

- 關節面摩擦變大
- 發炎程度惡化

- 壓迫周邊神經
- 降低關節活動度
- 破壞構造一致性

從以上的論述可知，在溼冷的天氣下痠痛會發生或加劇，解釋了為何有些人的關節疼痛甚至能作為天氣變化指標，他們在天候變化被查覺前就感受到大氣壓力的改變，直到天氣變回溫暖乾燥，疼痛也隨之緩解。

如何處理暫時性的過度活動或天氣引發的疼痛

有經驗的運動員對天氣變化的敏感度明顯會比新手來得高，不過鬆弛素的濃度變動則是對年輕運動員影響較大，因為他們仍處於性荷爾蒙劇烈波動的年紀。

不管是哪種情況，當我們感覺某些關節變得不穩定，或者天氣變化引發疼痛了，就千萬別執著要維持藍波堅忍不拔的形象。對男性運動員來說，關節過度活動意味著嚴重的肌力流失，並導致近期與長期的受傷風險提高 [25-26]，不過對女性運動員來說，即使發生關節過度活動的機率達男性的三倍，卻幾乎不會導致太嚴重的肌力流失 [27]。

以下這些因應措施可以考慮：

- 調整訓練的順序，避過疲勞部位，通常很少會所有的關節同時受影響，可以視情況先訓練大腿代替肩膀或胸部動作，反之亦然。
- 延長暖身時間
- 減輕訓練重量，增加反覆次數
- 減少疼痛部位的訓練組數
- 以器械訓練代替自由重量

如何處理未如預期改善的過度活動

許多治療師建議整天都做最大次數的等長收縮，這與傳統要求完全伸展的理論背道而馳，收縮肌肉的同時只引發些微的伸展，因為將肌肉長度收縮到最短的同時，等於是在伸展它的拮抗肌，最好是抵住牆壁、門框或深蹲架，盡量用力又不引發疼痛地進行等長收縮。練習的頻率越高越好，使肌肉、肌腱及韌帶變得更強硬，如此一來可以較快回復正常的肌肉功能，比起只是休息等待身體修復要來得理想。

藉由身體活動緩解疼痛

隨著暖身程序進行，肌肉痠痛逐漸緩解，一些微小的疼痛也會因身體活動漸漸變得不明顯 [28-29]，因此進行深蹲之前，原本有的膝蓋或髖關節痛在暖身動作後也可能神奇地消失。

不過很重要的是有疼痛就代表身體有某些問題，即使暖身個幾組後疼痛消失了，也不代表一切問題都瞬間變好，心裡可能會認為自己靠健身克服了小疼痛，但就算當下已經沒有不適，還是要記得處理背後的傷勢和問題。

有時運動員只要多休息了幾天反而會全身痠痛，這不是因為缺乏活動引發傷害，而是先前身體習慣了高強度的運動，對於小傷帶來的疼痛變得遲鈍，等到暫停活動一段時間後，身體又重新感知到這些小傷，疼痛也再次浮現。

所以要透過身體活動緩解疼痛有短期和長期兩種方式，都是很重要的資訊！

如何輪替運動避免慢性傷害

身為初學者時，我們使用的重量遠低於肌力的極限，反覆練習同一動作是取得成果最好的方式。但隨著身體越來越強壯、接近肌力極限後，最好能變換肢體的施力角度，如果總是用同一個姿勢訓練，受力集中在同一個部位，會讓關節和肌腱的磨損發生得更快。

藉由動作的輪替來變換施力角度可以讓關節恢復得更好，舉例來說，與其一直做臥推讓胸大肌肌腱同一處（附著到上臂處）受力，可以將躺椅下斜做某些運動，再換成上斜作其他運動，藉此讓不同部位的纖維輪流伸展，如此一來那些在臥推和上斜推舉承受張力的肌肉 - 肌腱交界，就可以在躺椅下斜鍛鍊胸大肌的同時獲得休息。

同理，在下一輪的訓練中，在臥推和下斜推舉承受張力的肌肉 - 肌腱交界，也可以在上斜推舉時有修復的機會。以此類推，在棘上肌和肩峰之間的摩擦部位也可以輪替，讓肩膀獲得保護。

藉由引體向上和划船動作的輪替，讓棘上肌有更多時間修復，避免舉手過頭的動作引發肩峰夾擠的傷害（見第 3 篇肩膀與背部的內容）。

即使肌力訓練能透過膠原蛋白增生來強化肌肉 - 肌腱交界，在兩套相同課表之間仍然需要預留足夠的修復時間，以免對此處的傷害反而超過強化的效果 [30]，不要忘了肌肉 - 肌腱交界處確實是身體的弱點之一，也是常見的受傷部位 [30]。

附帶傷害

通常一個傷害發生後會使單側結構變弱，左右不平衡引發連鎖反應，導致更多部位的附加傷害。舉例來說，在胸大肌發生部分撕裂傷後，進行許多動作（例如引體向上）時受力會轉移，原本由胸大肌和二頭肌短頭肌腱分攤的力量，變成由二頭肌獨自承受，使得短頭肌腱過度使用，連帶增加其撕裂傷的風險。

如何察覺慢性傷害的產生？

慢性傷害的浮現，理論上應該能被健身者查覺到！有些運動員可以感覺出原本輕微短暫的痠痛變得越來越厲害、越來越頻繁，就能提前避免會引發疼痛的運動。有些人則在傷害成形後才察覺到，就為時已晚。根據統計，大多數的慢性傷害都會突然發作，因此不該太過依賴身體知覺來作為風險指標，而是要遵循自己對健身的基本認知。

運動員能否脫離 WOLFF 定律？

Julius Wolff 是 19 世紀的德國外科醫師，也是第一個從經驗上歸納出骨頭因缺乏受力而弱化現象的人，假使反覆給予張力刺激，整個骨骼系統都能變得強健[31]，對於運動員尤其如此，特別是與重量相關的運動（例如肌力訓練）。這位醫師的歸納經過科學驗證早已毋庸置疑。

骨骼結構變硬是件好事，尤其是身體逐漸老化時，但是 Wolff 也指出，骨頭變硬的同時形狀也在改變，使得關節必須重新建構和微調[31]。

他同時觀察到骨骼強化帶來關節的適應並不平均，可能導致軟骨的變形和破壞，原因之一是建構軟骨的膠原蛋白缺乏，使其重塑失敗（見第 2 篇恢復的秘訣）。

上述情況常常是關節病變的開端，運動員每次的訓練讓關節承受反覆動作，使得早期病變逐漸加重，因此 Wolff 定律就是：所有的骨頭強化都可能引發關節變化，最終導致關節病變。

結論：Wolff 定律和運動員的目標相違背，身體越強壯，骨頭越發達，所造成的關節變形和傷害風險也越大。

很顯然太過頻繁的訓練、沒有預留足夠的休息天數、再加上技巧不佳只會加速整個退化的過程，就算有完美的訓練課表加上正確的執行也無法改變這些事實，唯一能抵銷 Wolff 定律的方法就是透過營養與補充品。

怎樣才是效果好又不會受傷的最佳活動幅度？

一般常在健身房聽到人說：「無論做什麼運動，都要盡可能達到最大的活動幅度，這才是最有效、最安全的方法」，難道動作沒做到極限就沒效嗎？

部分和完全活動幅度誰比較好？

要回答這個問題，必須分別衡量好處與壞處。在肌力訓練領域中，沒有什麼動作都是優點沒有缺點的，因此討論健身動作是否該做到極限時也不例外。

完全活動幅度的好處／部分活動幅度的壞處

任何運動要達到效果，毋庸置疑都得做出特定的關節角度，在一個針對初階運動員的研究中，一組運動員以 50 度角做彎舉（約關節活動幅度的一半），另一組運動員以 130 度角做彎舉（完全活動幅度），進行十週後比較兩組的二頭肌發育狀況。

發現兩組的肌力增加幅度分別為 16%及 25%，而肌肉質量增加幅度的差距較小，分別為 7.83% 及 9.65%[32]。

不過從 50 度到 130 度之間仍有相當大的範圍，可以增加關節活動幅度而不到極限。假使用 100 度角進行彎舉，在動作盡頭仍保持手臂微彎似乎更為可行，其實關節活動幅度推到極限也不是完全沒有壞處或風險。

完全活動幅度的壞處／部分活動幅度的好處

關節活動幅度越大，動作可能越危險，尤其是在伸展期，相反的，縮小動作幅度多半可降低受傷的風險，儘管也有例外。

訓練動作的哪個階段最危險？

肌肉或肌腱撕裂傷最容易發生在提起重量時或者降低重量時呢？

多數人直覺會認為提起重量時較容易受傷，但是多個研究卻都一致發現離心收縮（降低重量）期才是最容易受傷的時候[33]。

以毒攻毒

精確控制離心收縮的阻力使其逐步增強，這是要達到肌肉再教育最有效的技巧[34]，可說是一種以毒攻毒的策略，讓肌肉習慣難度越來越高的離心收縮而不致於受傷。相對的，只利用向心收縮的運動，無法制約肌肉來對抗伸展所造成的傷害，因此訓練效果很快就會停滯下來[35]。

肌肉 - 肌腱交界處是結構最弱的部位，發生撕裂傷害的風險比肌肉或肌腱都來得高，換句話說此處就是一個弱連結，

一旦撕裂後手術修復的難度最高，甚至高過肌腱附著在骨頭的部位（接骨點），因此採用最大活動範圍進行訓練動作會帶來極高的潛在風險，而確切的好處仍然不明。

 此處討論的對象僅限軟組織傷害，而非關節或背部傷害這種在提起和降低重量時都可能發生的狀況，無論如何，將關節伸展到極限通常都不是什麼好事。

某些肌肉的收縮必定連動其他肌肉的伸展

引發傷害的伸展也會發生在向心收縮期。以引體向上為例，通常對動作的要求是下巴高於橫槓越多越好，但這對肩關節及二頭肌長頭肌腱都可能造成負擔。

實際上當我們令一條肌肉收縮，就等於令其拮抗肌做伸展，通常這種拮抗式的伸展不會太猛烈，但假使拮抗持續太久，像是引體向上時用力將下巴拉高，就可能造成拮抗肌的傷害。

別將伸展與肌力訓練搞混了

在無負重狀態下進行一般伸展時，將動作推展到極限是安全的，除非我們突然猛烈施力，否則幾乎不會撕裂任何構造。

那又為何在肌力訓練時卻不建議做到最大的關節活動幅度呢？而且加上負重後，重量越重造成的組織形變越多，還有助於增加活動幅度，如果可以無負重做到最大活動幅度，為什麼加上負重就變得危險呢？

這是因為當肌肉纖維尚未承受張力時，其長度可以增加達 50% 而不至於受傷，但加上張力後（抗阻力運動），只要肌肉長度增加超過 30% 就足以產生撕裂傷害了。

與其說我們在訓練，更精確的說是試圖「傷害」肌肉，只是不希望達到病理性的程度。

結論： 肌肉伸展程度相同時，負重越大（即承受張力越大）者，肌肉越容易發生撕裂傷害。

從肌肉到肌腱

肌肉承受張力越大，柔軟度越差，因此主要的衝擊都是由肌腱吸收，如果肌肉強壯到足以抵抗過度伸展，其代價便是由肌腱所承擔。

事實上肌腱的柔軟度與肌肉不能相比，只要長度伸展超過 5% 就可能會受傷了，輕者產生肌腱病變，重者進展為肌腱的部分斷裂或完全斷裂。

摩擦力

肌肉的伸展一定也伴隨著肌腱的伸展，有時離心收縮動作會將肌腱朝關節推擠，產生的擠壓越大，對肌腱的摩擦越大，反覆的磨損最後就會使肌腱受

傷。舉例來說，進行臥推或胸推動作時，槓鈴降得越低，二頭肌長頭肌腱被擠向肱骨凹溝造成的摩擦越大。

引體向上相關的典型病變

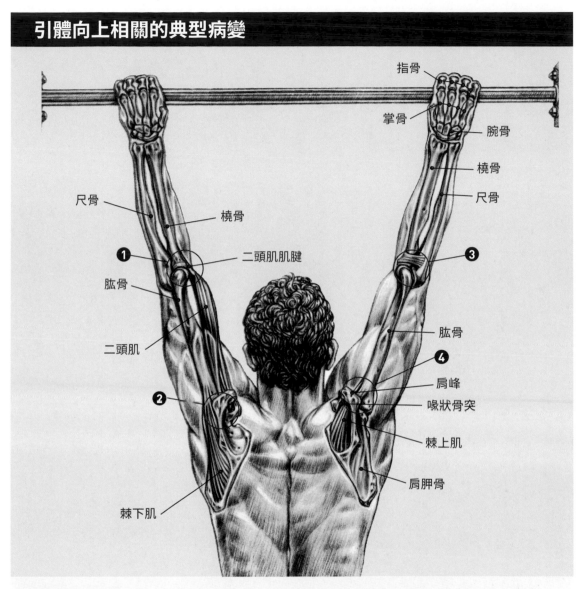

指骨
掌骨
腕骨
橈骨
尺骨
尺骨
橈骨
二頭肌肌腱
肱骨
二頭肌
肱骨
肩峰
喙狀骨突
棘上肌
肩胛骨
棘下肌

❶ 負重或自重引體向上時如果動作控制不良，二頭肌遠端肌腱可能受傷甚至斷裂。

❷ 引體向上如果控制不良突然下降，或者使用槓鈴或機器做負重引體向上，棘下肌肌腱和肩關節囊會被拉扯，導致半脫位而引發疼痛和不穩定。

❸ 控制不良的下降動作或者手臂角度太直會引發橈肱關節半脫位，肘關節韌帶可能過度拉扯導致肘關節受傷和關節不穩定。

❹ 反覆練引體向上或肩峰喙突弓空間較小的人，棘上肌肌腱可能因剪力摩擦而受傷。

風險最高的動作

以下列舉幾個健美運動員身上常見，最容易導致二頭肌與胸大肌撕裂或斷裂傷害的動作：

■ 划船動作會加重肩膀背側的不穩定、二頭肌遠端的撕裂傷、以及前臂的傷害。

■ 引體向上會加重肩關節的不穩定、前臂的病變、以及二頭肌遠端和短頭肌腱的撕裂傷。

■ 進行臥推、雙槓撐體或飛鳥式訓練，對胸肌的拉扯可能加重肩膀的不穩定、二頭肌長頭肌腱以及胸大肌肌腱的的撕裂傷。

■ 所有二頭肌訓練動作產生的拉扯都可能引發遠端二頭肌的撕裂傷，以及前臂的傷害。

■ 三頭肌訓練動作產生的拉扯可能引發肘關節的傷害。

■ 進行深蹲、哈克深蹲或腿推舉訓練蹲得太低，容易導致膝蓋與下背的傷害。

最常見的慢性傷害 — 從中學到的教訓

二頭肌及胸大肌肌腱傷害的發生與否，與訓練動作的風格未必相關，反而是和肌腱承受的拉扯程度有高度關聯性，只是這兩個因素可能會同時存在（動作的關節活動度太大、姿勢就容易晃動），加速並加重傷害的發生。

有些人強調只要「訓練全程保持完美姿勢」就不會受傷，然而所謂的「完美姿勢」並非沒有壞處，「完美」通常是強調動作的伸展期，而這正是引發慢性傷害的頭號原因，我們甚至可以推論下去，當姿勢越接近完美，對肌腱和關節就越危險。

結論

要留意那些標榜使用最大活動幅度進行所有動作的論點，訓練時負重越大，肌纖維受到張力就越大，肌肉柔軟度也變得越低。同一個訓練動作使用的重量越大，就能讓它的伸展期風險變得更高，隨著訓練課表的進展負重也增加，更應該對所有動作的伸展期及某些動作的收縮期稍微限縮動作範圍。

Memo

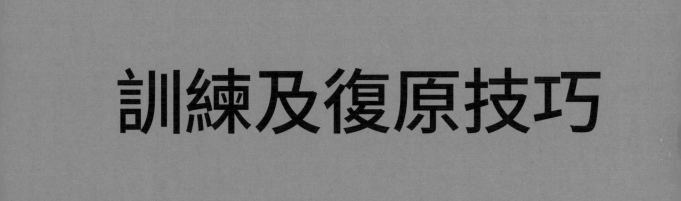
訓練及復原技巧

進階訓練技巧

程度越高的健身者往往需要越大的努力才能維持一定的進步，在本篇將透過創新的訓練技巧和最有效率的復原方法，引領讀者百尺竿頭更進一步！

肌肉的精準訓練

過重的負載未必是解方

當健身者發現某部位需要加強時，通常會把重量越加越大，此舉有時會見效，然而更多時候卻是失敗的。以深蹲為例，當負重未超過最大肌力的 60-70% 時，股四頭肌的貢獻相對重要[1]，而隨著負重提升，額外的張力將由股四頭肌轉移到臀肌上，實際上負重為最大肌力的 90% 時，股四頭肌做的功還比負重為 80% 時要來得少，原因就在於臀肌開始被徵召了。

同樣的狀況也可見於臥推訓練[2]，在負重達最大肌力的 70% 前，胸大肌（比起肩膀肌群及三頭肌）是最主要被動用的肌肉；當負重達最大肌力的 80% 後，胸大肌的徵召已達飽和，肩膀肌群及三頭肌的做功開始顯著增加。在負重增至 90% 最大肌力時，胸肌的做功僅能稍微提升，改由肩膀肌群及三頭肌分攤更多力量。直到負重等於最大肌力時，三頭肌反而成為貢獻最大的肌肉，肩膀前側肌群次之，而胸大肌的輸出反而下降。

當然這些數字是平均值，實際狀況會因人而異，但這樣的觀察精確描述了靠多關節運動來徵召目標肌群所面臨的困難，儘管理論上深蹲或臥推的負重越大，大腿或胸部用的力就應該會越大，但超過某個重量閾值後，目標肌群的輸出反而不如較低負重時來得好。

由上可知，健身者應該採用更理想的策略以針對目標部位做訓練，甚至追求在同一塊肌肉中隨心所欲地使某區域增肌而不影響另一區域，換句話說，健身者是否能改變肌肉的形狀？如果可能，方法為何？研究顯示要達成上述目標是絕對有可能的，接下來的段落中將會說明確切的方法。在一個為期三個月的實驗中[3]，一組受試者僅做每組八次的深蹲訓練，另一組受試者則多做腿推舉、

硬舉和弓步蹲，兩組都是一週訓練兩次，包括負重及組數都盡可能控制為相同。雖然最後所有受試者股四頭肌的總增長幅度相同，細部分析後發現，僅做深蹲訓練的人主要是股外側肌有明顯增大，而做綜合訓練者股四頭肌的各部分生長較為平均。

肌肉的生長並非全體一致

訓練帶來的肌肉生長鮮少是各處平均的，例如二頭肌訓練時，理論上整塊肌肉的收縮幅度都相等，然而實際狀況卻非如此，實驗顯示進行二頭肌訓練 12 週後，肌肉各部位的生長狀況如下：

- 上段纖維增幅 12%
- 中段纖維增幅 7.5%
- 下段纖維增幅 5%[4]

研究團隊還比較了多關節訓練時三頭肌各部位活化的程度[5]，發現三頭肌中段的徵召比率顯著高於上段，因此可推論相同的訓練進行 12 週後，三頭肌中段的生長也會大於上段。

不同的收縮方式會改變肌肉動員的部位

在一個為期 8 週的實驗中，受試者採用兩種方式做深蹲訓練：一組是爆發性的發力，而另一組是用大重量慢慢收縮[6]，結果發現第一組股四頭肌的肥大主要集中在下半部，而第二組則是上半部肥大較明顯。類似的結果也可見於另一個為期 14 週的實驗中，發現使用等速訓練機 (isokinetic machine) 刺激大腿生長，肥大的部位比起傳統訓練會更集中在下半部[7]。還有一個為期 10 週的研究[8]，同樣進行大腿肌力訓練，一組只做向心收縮，另一組做離心收縮，期滿檢測時結果似乎差異不大：

肌肉量增加幅度：

- 向心收縮組 8%
- 離心收縮組 6%

肌力增加幅度：

- 向心收縮組 9%
- 離心收縮組 11%

不過，兩種收縮方式對大腿不同部位的肥大效果影響各異，大腿下半部增肌幅度：

- 向心收縮組 2%
- 離心收縮組 8%

大腿中段增肌幅度：

- 向心收縮組 11%
- 離心收縮組 7%

歸納上述研究結果我們可以得知，不同的收縮方式在單一肌肉的不同部位創造出不同的張力，而產生不同程度的增肌效果，只是這些增肌效果的差異並不大，要達成明顯的肌肉外觀改變得花相當多的時間與努力，但至少對健身者來說，要進行肌肉的細部雕塑並非不可能的事了！

調整組間休息的策略

組間休息時間的調整也應被視為訓練技巧之一，只要應用得當，有時甚至比其他技巧產生的效果來得要好，當然如果能讓所有技巧發揮正常功效會更加理想。不管何種訓練種類或狀況，都一視同仁採用一樣的組間休息長度是不恰當的，健身者必須了解短休息與長休息各有什麼特色，以及應用在什麼情境下會發揮最大效果。

組間若休息太短是否會降低合成反應？

短暫的組間休息因為較節省時間而成為主流，整個訓練節奏較快，花在健身房的時間也可以縮短。

然而許多研究發現如果以增肌為目的，縮短休息時間並不是個好策略，例如針對大腿肌力訓練的研究發現[9]，同樣以最大肌力的 75% 進行 8 組訓練，一群受試者組間休息 1 分鐘，另一群受試者則休息 5 分鐘，前者肌肉做功比後者減少了 13-17%，而訓練結束後的肌肉切片顯示：

- 1 分鐘組的合成作用提升 76%
- 5 分鐘組的合成作用提升 152%

雖然休息較短組別的合成作用只有提升 76%，比休息較長的 152% 來得要少，但訓練結束後 40 分鐘內，休息較短組別的體內睪固酮上升幅度反而較高（肌肥大效益較高）。

而且，組間休息越長，肌力有越充足時間可以恢復能量，也因此組間休息 5 分鐘要比休息 1 分鐘可以多做 28% 反覆次數[10]。

組間休息越短就越容易產生疲勞，以 1 分鐘的組間休息為例，相同運動進行到第二組時，運動表現就開始明顯下降，若將休息時間延長為 3-5 分鐘，則到第三組運動才開始表現出疲勞現象[11]。

這就帶出了策略上的兩難：降低訓練重量和增加休息時間哪個方法比較好？

如果不想休息太久，又要維持每組動作的反覆次數相當，最好減輕 10-15% 的重量[11] 以避免過早疲勞。

活化後增強作用帶來的生理效應

要達到最佳的活化後增強作用（透過強力收縮後活化肌肉所帶來的肌力提升），兩種動作之間需要一個較長的休息，以高強度運動員為例，兩組動作需要間隔 8 分鐘才能提升 4% 的肌肉爆發力[12]。

要達到最佳增強作用的時間因人而異，平均而言，約需等待 4 到 10 分鐘不等[13]，這個發現讓人更深入探討組間休息的進階技巧。

由一項生理學的研究來看，在兩個大重量訓練組之間休息 7 分鐘，能讓力量得到最好的發揮[14]。頂尖舉重選手只需要休息 5-8 分鐘就可以恢復最大力量[15]。

然而拉長休息時間也有其極限，研究比較休息 5、10、20、30 分鐘，發現當休息超過 10 分鐘就已沒什麼效果了[16]。

那些需要較長休息時間的進階技巧，往往也最具創傷性，不應頻繁使用。相對的，只需要較短休息時間的訓練就比較安全，尤其是進行不同動作訓練相同肌群的課表時可常使用。

縮短休息時間表示可以使用較輕的重量、一組可做比較多次、以及完成更多組數，對於無法承重太多的關節（例如肘關節）是最好的訓練方式，畢竟訓練的目標是盡可能將肌肉幫浦效應最大化，以刺激肌肉生長。

用較輕的重量做越密集的訓練組可創造越大的代謝壓力（乳酸累積或肌肉燃燒），即使創傷性小，也一樣能有效地刺激生長[17]。

如何達到較強的肌肉幫浦效應？

許多健身者喜歡用雙槓撐體或飛鳥式作為訓練的結尾，因為這類運動可以創造極佳的肌肉幫浦效應。為何某些運動提供的生長刺激優於其他運動？答案很簡單，肌肉的收縮暫時阻擋了局部的血液循環，重量越大阻礙也越大 [18-19]，也有研究發現組間做肌肉伸展同樣會降低血流，尤其是柔軟度較差的運動員。然而柔軟度很高的運動員則例外，他們無論做伸展或甚至是極度伸展，都不會影響血液循環 [20]。

如果在肌肉極度伸展的狀態下進行收縮（例如雙槓撐體運動），血液循環被阻礙的程度更大，尤其每組動作的尾聲，肌肉為了清償先前血流受限時所累積的氧債，血流的反應會更強烈，此時的肌肉就像幫浦一樣吸納血液進入。

除了收縮與伸展的強度外，時間也是一個影響因子，因此最大反覆次數的效果就不如 12 次一組來得好。追求最佳幫浦效應有三個要素：首先是重量的選擇，其次是肌肉的伸展，最後是訓練的時間，並非所有運動都能兼顧三個面向，通常以 12-25 次為一組是較佳的平衡，局部血流受限越多和越久，就代表肌肉幫浦效應越強，而每組之間穿插的肌肉伸展，則可在肌肉充血時再度強化幫浦效應。

 注意！雖然達到良好的肌肉幫浦效應能促進肌肉生長，但卻不是創造肌肥大最有效的方式，要追求最好的效果，有賴大重量訓練和肌肉幫浦運動的相互配合。

Jendrassik 手法的實際應用

問題

為了提昇表現，與當下運動無關的肌肉群應該要放鬆還是收縮呢？我們常聽到教練指導跑者應盡可能放鬆，如果換到肌力訓練的領域中，以深蹲為例，在雙臂穩定槓鈴時是否應放鬆下顎避免不必要的肌肉收縮、降低疲勞？還是應該用力咬緊上下排牙齒呢？

答案

要讓大腿肌肉更有力，應該要同時收縮上半身肌肉而非放鬆，這是 Jendrassik 手法在運動員身上的應用。同理可以推測，當下半身肌肉用力時可以提升上半身肌肉的表現，只不過這些大肌群同時用力也會讓訓練後疲勞程度增加。

咬緊牙關的好處

有些運動員在出力時會直覺的咬緊牙關，正如《進階肌力訓練解剖聖經》(旗標科技出版) 所闡述的，這種動作可以提升約 5% 的力量，並不算太差，不過咬緊牙關也會帶來不少問題：

1 時間一久可能會傷害牙齒，在運動員族群可看到比一般人還高的牙齒磨損率 [21]

2 上下排牙齒的咬合面並非穩固的平面，下顎很容易因滑動造成運動員分心，反而抵銷了提升肌力的效果

3 牙齒咬緊讓呼吸較困難，透過齒縫吐氣尤其不易，可能呼吸會變得急促。

要解決這些問題，可能會想到佩戴護齒套，這可以解決前兩個缺點，但還是無法避免呼吸困難的問題，運動期間鼻黏膜也會腫脹，讓運動員不得不依賴嘴巴呼吸 [22]。

市面上有一種專為重量訓練設計的新式護齒套，可以一次解決所有問題。

這個產品與接觸型運動的傳統護齒套不同，並無法替牙齒吸收衝擊，只是套著下排臼齒與小臼齒，避免上下排牙齒直接接觸，防止牙質磨損以及下顎滑動，同時保有利於呼吸的優點。因為口腔前方沒有塑膠的阻擋，即使咬緊牙齒還是能微微張嘴吐氣，達到提升肌力和爆發力的目的，又不致於影響耐力 [23-24-25]。

一旦透過新式護齒套解決上列三個問題後，表現立即就會有顯著的提升。此外由於上排牙齒不用穿戴護齒套，就算張嘴也不怕掉出來。

對某些運動員來說，頭部適度的傾斜有很重要的功能：頭部前傾會改變舌頭的位置，阻礙經嘴巴的呼吸，並降低空氣的吸入量，如果能將頭部稍微後仰就能避免呼吸道的阻塞，這也可以透過配戴下牙護套、改變下顎角度而得到改善。

假使在換氣不足的狀況下進行大重量訓練，會有吞嚥口水的需要，則無法兼顧呼吸和咬緊牙關，此時若使用下牙護套維持嘴巴微張，即使喘不過氣來也還是可以吞嚥口水。當反覆次數高過一定量後效果會更顯著，此外緊咬牙齒有助於閉氣，有了牙套更能藉助閉氣提升力量。

與一般認為重量訓練不應該閉氣的觀念相反，在肌肉做最大程度的收縮時，閉氣的操作能帶來助益而非有害的（見《進階肌力訓練解剖聖經》p.58）。

Dickerman 教授的研究對此現象提供了佐證，證實運動員的心血管和腦部在一連串的訓練後，對於閉氣的適應會越來越好 [26]，由此可推估，相對於嘗試掌握大重量、身體卻未準備好的初學者，閉氣操作對於高階運動員的效益會高得多 [27-28]。

哪一種護齒套最好？

護齒套款式多、價格差異也頗大，不建議購買強度不足的款式，以免太容易損壞。

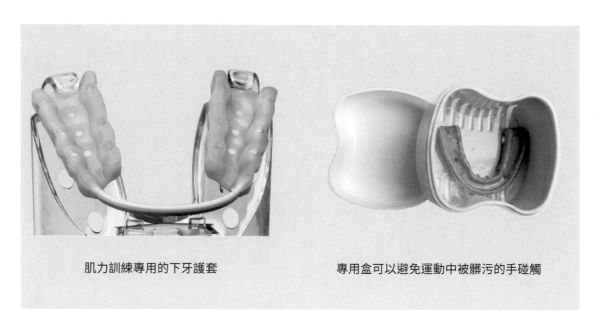

肌力訓練專用的下牙護套　　　　　　專用盒可以避免運動中被髒污的手碰觸

運動員可以選擇訓練全程都配戴，或者做完幾組運動後先卸下，建議額外準備一個乾淨的小盒子盛裝，以免需要用髒污的手移除護套。同時也別忘了每次使用前以乾淨的溶液浸泡至少五分鐘，因為未清潔的護套會是細菌的大本營。

增加重量會改變重心位置

在許多負重動作中，增加重量會改變身體的重心，讓訓練的感受和肌肉的徵召都受到影響。

以深蹲為例，負重越大則身體前傾幅度也要越高才能維持平衡，這是典型的重心改變產生的機制。也有一些運動對重心改變較不敏感：例如臥推在負重增加時不會改變運動軌跡。但在深蹲時，有抓槓鈴訓練的上半身就是無法和空手深蹲時一樣直立，而且身高越高者程度越明顯，所以即使是很小的外加重量，也會讓運動軌跡改變。

至於增加重量會影響重心的運動，此處提供以下調整軌跡的方式作為因應：

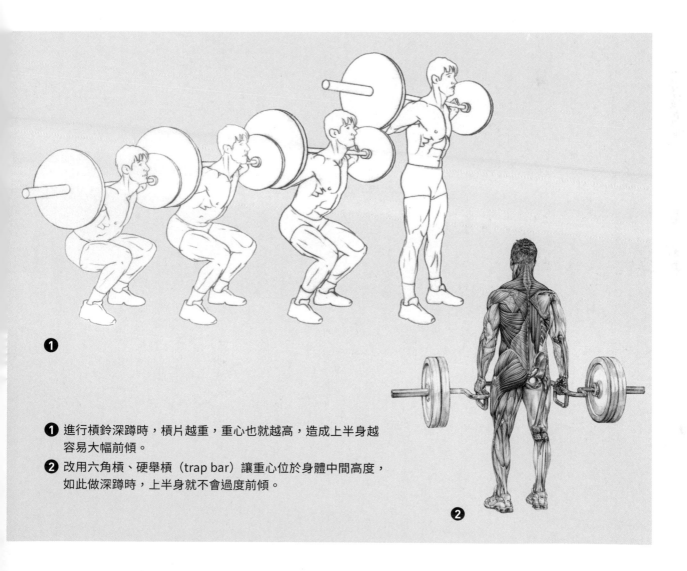

❶ 進行槓鈴深蹲時，槓片越重，重心也就越高，造成上半身越容易大幅前傾。

❷ 改用六角槓、硬舉槓（trap bar）讓重心位於身體中間高度，如此做深蹲時，上半身就不會過度前傾。

正向修飾

適用於正向修飾的運動不多，通常重量放置的位置會影響哪些肌肉被徵召，而這大部分是運動員自己可以決定的。以雙槓撐體為例，訓練胸肌的日子適合頸後懸掛鏈條（請用毛巾保護頸部），而訓練三頭肌的日子則適合雙腿夾槓片。

雙槓撐體時在頸後掛一條鐵鏈，可以讓軀幹前傾，提高徵召胸肌並減少徵召三頭肌。

小腿間夾一塊槓片，可以使軀幹較為直立，提高徵召三頭肌並減少徵召胸肌。

負向修飾

許多運動負重超過一個程度，即使不是非常大的重量，就會開始喪失對目標肌肉的感受度和掌握，常見的例子是針對腹肌和下背的單關節運動。

在未負重的仰臥腹捲訓練時，身體重心大約落在肚臍附近或腹肌正中靠近地面處，這表示腹肌可以負擔大多數的工作，當負重增加時，身體重心會轉移到胸口處，使得軀幹越來越難頭尾拉近，最後必須動用到更多的屈髖肌群。

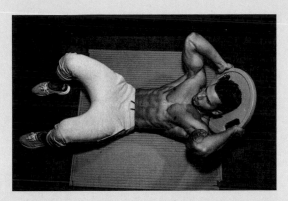
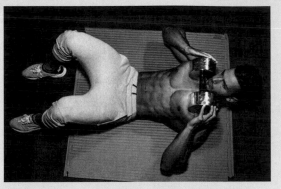

訓練腹肌時會將槓片握在頭部後方增加負重，當槓片只有 3-4 公斤時可以做得不錯，但如果重量提升到 9-10 公斤左右，就會漸漸喪失對腹肌的感受度，原因就在於槓片大幅改變了身體的重心位置。

如果將重量改為抱在胸前，高度不超過喉嚨，就能大幅減少重量對重心位置及腹肌徵召的影響程度。

同理可證，在進行背部伸展（back extension）時也要避免將重量置於頭部後方（離身體重心位置太遠），而是改持空槓、槓片或彈力帶於手臂末端，讓外加的阻力貼近下背（此處即身體的重心位置），儘量避免改變重心位置，如此即使採用大重量也不會阻礙徵召腰部肌群。

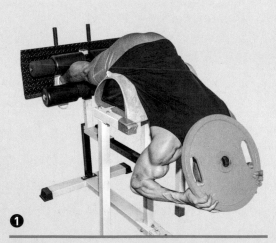
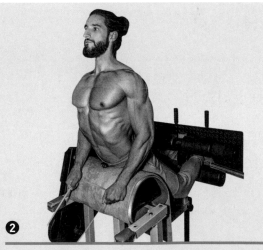

❶
❷

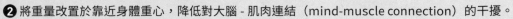

❶ 將重量置於頭後會大幅改變重心位置、阻礙肌肉徵召。
❷ 將重量改置於靠近身體重心，降低對大腦 - 肌肉連結（mind-muscle connection）的干擾。

進階健身技巧：「乾坤挪移」

身體既有的肌肉質量越大，要培養出新的肌肉就越難，人體原本就有一套非常複雜的生理運作機制，負責供給養分到各組織，要超越這套供應鏈讓體重增長，心血管系統就需要時間做適應。

同樣的道理，肌肉質量大，不代表身體的合成性激素（如睪固酮）就能等比例提升產量，而原本的激素要分配給更多的肌肉組織，表示每個細胞受到睪固酮的生長刺激也相對變弱了。

面對這樣的兩難，可以利用下述兩點生理特性協助我們克服困境：

1 要讓強壯部位的肌肉成長，比讓較弱部位的肌肉成長容易得多。

2 讓既有的肌肉量「重新分配」，比長出全新的肌肉來得容易。

綜合上述兩點，我們可以知道快速增肌的方式就是訓練已經很強壯的部位，但這不表示我們需要放棄較弱的部位，而是當我們花了較多精力去訓練生長落後的肌肉後，可以適時降低訓練量讓弱處進行再生，然後專注訓練強壯的部位，促進全身新生肌肉成長。

例如目標是讓全身肌肉量從 36 公斤增為 37 公斤，然後停止或大幅降低強壯部位的訓練量，再回過頭來加強訓練較弱的部位。也就是說，利用訓練強壯部位觸發全身增肌的機制，再訓練弱處爭取那新增的 1 公斤肌肉儘量多分配一點過來。

對一個大腿強壯但手臂瘦小的健身者來說，可藉由訓練腿部肌肉用此方法將部分新增的肌肉挪移到手臂。

當然這不是說腿部肌肉細胞真的「移動」到手臂去，實際狀況比這還複雜得多，總而言之對身體來說，利用這種重新分配新生肌肉的方法，要比直接在手臂（弱處）培養新生肌肉來得容易。

結論：善用這個「乾坤挪移」的技巧，對於改善弱處很有幫助。

高科技肌力訓練方式

除了傳統的訓練方式外，越來越多高科技的技巧可以協助肌力訓練。不過這些器材都只是幫助健身者達成特定目的的工具，並不是用來取代傳統訓練方式，每個人可以自行選擇要不要用、或要怎麼用，也不要因為看起來太先進就害怕或排斥，這些器材在特殊狀況下（例如受傷後的運動）是非常有幫助的，此處不妨先了解其優點和侷限再下定論。

肌肉電刺激（EMS）

肌肉電刺激（electrical muscle stimulation，EMS）能為運動員帶來非常多的好處，效果是無庸置疑的。此外，使用於昏迷中的病人或長期臥床者，能有效預防肌肉萎縮。

肌肉電刺激的主要好處是繞過人體的神經系統，擺脫神經控制在肌力訓練的侷限，針對肌肉中的特定部位刺激以產生收縮。以下列舉幾個應用實例說明，其中最建議針對弱點部位使用。

弱區的追趕

針對弱區的肌肉貼上兩個電極片，接通儀器按下開關，就能立刻感受到該部位的收縮！使用者不會有被電擊的感覺，即使刺激強度不高也能獲得收縮的感覺。

以三頭肌為例，一個電極片貼在外側頭的下端（不是肌腱上），另一個貼在上端，可以只讓外側頭獨立收縮，短頭長頭都不動。同樣的方式也能用在肩膀後方、背闊肌下方、小腿肌和二頭肌。

無論使用哪種模式，目標肌肉都應盡可能的伸展，如果讓肌肉縮短可能會受傷，因此肢體應全程固定在伸展的位置。

當應用在上胸時，如果該處的肌肉量太少則要特別注意，電流有可能透過肌肉傳導至肺部而造成不適，類似的現象也可能發生在腹肌，因此使用在這兩處時要記得從低強度開始慢慢往上增加。

肌肉的致敏化

針對失去肌肉感受度的部位給予一些電流刺激，只要使用中等強度就能暫時提升肌肉收縮的感覺，因此適合用於訓練之前，幾次中強度的增肌模式電刺激能有效提升訓練效率。

加速組間恢復

在兩組動作之間給予肌肉低強度的血管模式電刺激，有助於加速肌肉修復，讓健身者能用較短的組間休息時間完成多種訓練動作。

疲勞後收縮

如果想要「榨乾」肌肉剩餘的力氣，在使用重量自主收縮訓練達到極限後，可以加上與增肌模式強度相近的電刺激，來誘發非自主收縮達到力竭。

增強作用

這是最極限的技巧，如果對肌肉電刺激尚未熟悉，或者有任何心臟等健康問題者請勿嘗試。做法是貼上電極貼片後選擇最強的模式，通常稱為增強式訓練模式，在可承受的範圍內逐漸推高脈衝強度，維持幾秒後接著做一組重量訓練。

使用初期肌力增長會很快，漸漸地隨著肌肉疲勞，脈衝的強度要再推高，而肌力的增加也會越來越少，最後當你感覺氣力放盡後，停止電刺激讓身體的修復程序啟動。

加速訓練後的恢復

如果想改善從來都沒完全恢復的弱小部位、或者想儘快進行下一個健身課表，使用低強度的血管模式電刺激可以加速恢復，並促進血液流入肌肉組織。

對於剛開始使用的人，由於肌肉電刺激誘發了新的收縮模式，有可能在促進肌肉恢復前就先引發肌肉傷害，不過隨著身體逐漸適應，電刺激加速恢復的效率就會顯現出來了。

加速受傷後的恢復

這裡所謂的受傷是指單純的肌肉、肌肉 - 肌腱交界處的傷害，可以採用血管模式作較長時間的刺激，視需要可到數小時之久。

肌肉電刺激對於關節損傷效果較不顯著。EMS 主要可用於緩解疼痛，以背痛為例，可以選擇經皮神經電刺激（TENS，transcutaneous electrical nerve stimulation）模式作為止痛的工具。需注意電極貼片應避免直接貼在關節上。

血流阻斷訓練的原理

BFRT 背景介紹

血流阻斷訓練法（BFRT，blood flow-restricted training）是由日本佐藤義昭博士所創，亦稱為加壓（Kaatsu）訓練法，常被使用於訓練年長者[1]，為了避免年長者使用太大的重量會傷及關節，改以阻斷血流的方式來提升運動難度。研究也顯示在肌肉缺氧的情況下，即使只負荷小重量，肌肉的徵召也會從慢縮肌纖維（Type 1 第一型肌纖維）改為快縮肌纖維（Type 2 第二型肌纖維）。

正是因為血流阻斷的效應，使得小重量的負荷也能徵召出大重量才能活化的肌肉纖維。

雖然此種訓練法會引發強烈的代謝反應（酸性物質累積降低局部 pH 值），卻很少會帶來肌肉的損傷[2,3]，而在肌肉、神經和關節皆獲得保全的狀況下，自然也不需花額外的時間進行恢復。

BFRT 實際操作

阻斷血流的方法正如測量血壓時的操作，如果手邊沒有適合的工具，使用深蹲時保護膝蓋的彈力帶一樣可以達到血流阻斷的效果。

用於手臂可挑選窄一點的帶子，用於大腿就挑寬一點的。將彈力帶纏繞在上臂或大腿根部，和纏繞膝蓋的方式雷同，但不用像包住整個膝關節一樣的往周邊延展，盡量將每一圈和內層完全相疊，使得彈力帶包覆範圍越小越不會限制活動度。（編註：所謂阻斷是綁到能降低局部血液流動，並非緊到完全不通。）

有時候單靠自己很難纏好彈力帶，用在手臂會比用在大腿更困難，最好有另一人可以協助，以確保兩側的彈力加壓相等，由於正確的纏繞彈力帶有其難度，需要花費時間，因此在組間休息時也可以不用解開。

通常要阻斷大腿的血流比起手臂來說困難得多，必須將帶子纏得格外的緊，尤其是大腿圍很粗時更是如此[4]。

如果在訓練前 5 分鐘進行阻斷血流，可以讓訓練期間的血流限制更加明顯[5]，如果組間休息時不拿掉帶子，則可增加局部的代謝效果。

本書建議只採用輕度的血流阻斷，並縮短組間休息，相關研究通常將休息訂在 30 秒至 1 分鐘之間，休息時間短暫，身體就會努力代償血流的不足，更重要的是，研究發現極度的血流阻斷和中度阻斷相比並沒有帶來額外的好處[6]。

對於久坐的年長者，建議使用的重量為最大肌力的 20-30%，但這對健身者來說太無感了。對於年輕的運動員，即使血流阻斷的程度比研究中低，只要增加重量（約最大肌力的 40-50%，視休息時間而定）就可以彌補過來。一旦肌肉經過缺血的時間，就可以取下彈力帶再額外多做一兩組動作，而不需要降低原本的負重。

與壓力計相連的壓脈帶，可測量血壓

舉重帶或彈力帶可以用來阻斷手臂及大腿的血流

注意！此方法不排除會有心血管方面的風險[7]，只有健康（尤其是心血管）的運動員才建議進行此訓練。血流阻斷訓練需要循序漸進，只有在一切正常的情況下，才能在下次訓練逐漸提高阻斷程度。

健身者已不自覺運用了此技巧

血流阻斷技巧在健身界並非新鮮事，當健身者使用極大重量訓練時，流入肌肉的血流就已暫時被阻斷了。研究顯示使用最大肌力 40% 的重量時，供給該肌肉的血流就已顯著下降[8]，當然使用彈力帶加壓也可創造相同效果，並且只要使用約一半的重量即可。

研究也發現使用最大肌力 54% 的負重引發的代謝效應（指血流受阻所累積的高量代謝廢物，例如乳酸）反而大過最大肌力 74% 的負重，在肌肉維持張力期間皆是如此；不過兩種負重引發的合成效應也不同，大重量的刺激會提升細胞自體分泌（intracrine）和旁分泌（paracrine）合成激素，例如機械生長因子（mechano growth factor）或類胰島素生長因子-1（insulin-like growth factor-1）的產量，直接刺激肌肉生長；持續的肌肉張力則直接使細胞自體分泌的肌抑素（myostatin，一種抑制生長的抗合成激素）產量減少；此外血流阻斷的刺激比傳統訓練能提升更多的生長激素產量[15-16]。

促進肌肉生長的機制有兩種（肌肉燃燒與肌肉幫浦），對運動員來說最好兩種都用，不要完全依賴單一方法（例如只專注在肌肉燃燒），並且使用肌肉幫浦促進生長時，最好大重量與小重量訓練穿插進行。

血流阻斷法的侷限

一位日本體能教練曾表示，他注意到儘管使用血流阻斷訓練可提升肌力，科學家在顯微鏡下也觀察到肌纖維肥大，但不代表健身者因此產生肌肉外觀的改變。

原因很簡單：即便達到了很好的肌肉幫浦效應，血流阻斷也無法像大重量一樣改變組織結構[9]，因此這不是用來取代傳統的重量訓練，只是彈藥庫中眾多武器之一[10-12]。

僅僅紙上談兵會覺得可以用較小的重量進行訓練一定比較輕鬆，但實際上如果正確執行，血流阻斷是非常痛苦的訓練技巧[10]。有研究比較久坐族群進行為期六週的臥推訓練後，使用血流阻斷法與大重量訓練的成效是否有差異[13]，發現兩組受試者的三頭肌肥大幅度分別為：

- 使用最大肌力 75% 重量組：9%
- 使用最大肌力 30% 重量加上血流阻斷組：5%

兩種方式如果用在胸肌訓練上，增加的差異更顯著：

- 大重量組：16%
- 血流阻斷組：8%

一般彈力帶進行血流阻斷法只適用手臂和大腿，如果使用肩鎖固定帶（八字彈力帶）則可訓練到胸部，但仍然無法應用到背部、肩膀和腹肌的訓練上。

為了克服這些限制，穿戴限制氧氣攝取的呼吸面罩也越來越多人使用，雖然大部分是耐力型選手在使用，在肌力訓練時也可以用來限制全身、並間接限制肌肉對氧氣的攝取[14]。

肩鎖固定帶（或稱八字彈力帶，Bowtie band）可以阻斷通往胸肌的血流。

血流阻斷法的風險

這種訓練法的風險極少被討論，但人體的運作並不是為了承受循環的中斷，假使血流受阻太久可能危及血管的完整性，研究發現循環受阻會導致血壓升高[17]，例如繫著很緊的舉重腰帶、憋住呼吸同時進行高強度的肌肉收縮，這樣的組合會讓血壓大幅升高，因此血流阻斷訓練屬於進階技巧，必須緩慢推進以免身體無法適應，健身初學者絕對不能冒然採用。

結論

既然健身時肌肉收縮就會阻斷血液循環並創造低氧環境，健身者便不如久坐族群能從血流阻斷訓練獲得太多的好處，因此這個技巧比較少單獨使用。

不過還是可以拿來做為輔助訓練的方式之一。例如在兩個高強度訓練日中間穿插的小訓練，加上血流阻斷技巧就有助於緩解深層痠痛。

若關節、肌肉或肌腱受傷期間仍然想要訓練的人，如果只有局部肢體無法運動，這個方法就是解決之道，可以結合肌肉電刺激和血流阻斷法做訓練。

振動與振盪技巧

過去多年來各健身減重中心擺了許多振動機（vibrating tools）給會員使用，近來則逐漸被振盪機（oscillating machines）取代，因為對腦部的影響更小，兩者的效果類似。

這些器材能誘發肌肉非自主的反射收縮，雖然不足以取代重量訓練，仍然可以帶來自主收縮訓練難以做到的一些效益，如下所述。

振盪健身台

消耗脂肪

使用振盪機幾秒後，身體的溫度會立即上升，引發的熱量消耗與做心肺運動相同時間所消耗的熱量相同。

幫助暖身

在振盪台上站 10-20 秒可以讓人從頭到腳都暖起來，當天氣太冷暖身不易時，這些振盪機能夠輕易讓健身者提高體溫。

增強作用

假使振動的強度足夠，一小段時間後就能誘發肌肉的增強作用，有助於接下來的大重量訓練，例如深蹲或硬舉[18]，不過用振動帶來的增強作用與肌肉疲勞的界線非常模糊，使用上是兩面刃，或許能有效提振肌力，也可能令肌肉疲勞而毀了整個訓練[19]，所以在非常熟習這個技巧前，不要輕易嘗試。

疲勞後訓練

振動誘發肌肉疲勞的特性可以應用在肌力訓練後，例如完成大腿訓練後仍然可以用非自主的方式強迫肌肉收縮，這種類型的疲勞很深也很持久，訓練日之間必須預留較長的休息。假使用較低強度進行，可以加速身體的恢復[20]。

組間恢復

在肌力訓練的組間利用這些器材可以加速恢復[21]。但也正如前面講過增強作用是兩面刃一樣，它能幫助肌肉恢復，但也可能更快疲勞。

受傷後的訓練

振動可以用來誘發不自主等長收縮，避免訓練時加重損傷，已有研究證實此法有益於肌腱復原[22]。這類器材搭配肌肉電刺激使用，甚至可以加速傷處復原。

大腿的血流阻斷及振動訓練組合　　　利用振動訓練胸部、肩膀及三頭肌

復原的秘訣

過度訓練的定義

過度訓練（overtraining）是非常廣泛使用的詞，需要精確定義才能解決延緩恢復的因素。過度訓練會發生在每次訓練之間休息不足的狀況下，但僅用訓練過頭來描述自己的狀態並無法說明任何事情！

準確的說，過度訓練可以分為幾種，不能混為一談，在肌力運動中主要有三種：

1 肌肉恢復不足

2 神經系統恢復不足

3 關節恢復不足（也包含肌腱和韌帶）

舉例來說，肩膀疼痛可能是肌腱或關節還沒完全恢復前就再次進行訓練引起的。

恢復時間的差異

肌肉恢復很快，神經系統恢復需時較久，關節恢復則更耗時，使得健身者容易忽略尚存的痠痛而再度訓練，因此即使肌肉狀態良好，但在肌腱恢復前仍然是過度訓練。類似狀況也發生在肌肉已恢復但神經系統還沒，就仍然無法發揮全部的肌力。

過度訓練也會表現在其他面向，例如造成免疫系統的低下，使得耐力型運動員經常生病。

如何分辨是肌肉或神經的恢復不足？

神經系統恢復不足會在多關節運動時特別明顯，例如胸部臥推的反覆次數可能比上一次訓練要少做個一兩次。但進行胸部單關節運動時卻又覺得力量發揮得很好。

如果不能分辨神經恢復與肌肉恢復的區別，就會覺得這個現象很矛盾，我們用實驗來說明差異[1]。

研究人員測試男性受試者在肌力訓練後 24、48 和 72 小時的肌力,發現單關節運動的表現平均需要 48 小時才能恢復,如果測試的運動越複雜,則恢復的時間需時越長。

由此可以推知,臥推有兩個關節參與,而硬舉需要三個關節參與,因此前者的恢復要比後者來得快速。

既然單關節運動的肌力已回到正常水平,表示肌肉本身已完全恢復,那麼多關節運動的肌力降低必定是源自神經系統,因為疲勞的神經無法統整數個大肌肉群的同步性。

如果希望更頻繁的訓練某肌肉,可以在兩輪多關節運動之間穿插單關節訓練。

相同肌群的雙重衝擊技巧

許多研究顯示,訓練有素的運動員完成大重量訓練後的肌力恢復是有兩個低點的[2],通常 24 小時內表現會有快速的改善,接著又突然退步,直到數天後才慢慢恢復,這個怪異的現象已經在《進階肌力訓練解剖聖經》p.41 的雙相(biphasic)做過說明。

而兩次低點間短暫的窗口非常適合作為「肌力回復訓練」的時機,也就是在訓練日的隔天安排同一肌群的單關節運動,並用低強度長時間的策略來彌補弱區。

也有些人並沒有感受過上述雙相的恢復過程,在訓練隔天只覺得肌肉整個「死

當」,那麼這個技巧顯然就不那麼適合這些人。或者也有可能對二頭肌有效,對股四頭肌卻沒效。

同時也要注意與同肌群相關的關節是否能承受連續的雙重衝擊,由於關節的恢復時程與肌肉神經都不同,假如訓練後隔天發現膝蓋疼痛,即使以很輕的負荷進行股四頭肌的訓練也會毫無意義。

本書也不建議對所有的肌肉使用此進階技巧,這只適用在想要追趕生長的弱區肌肉,一處肌肉進行時間不宜太長(約一個月),然後就要換到下一個部位或全部結束,切勿使用在已經很強大的肌肉。

訓練後的神經損傷

神經系統和關節、肌腱的恢復時間都比較久，特別是大重量訓練後，肌肉都已完全恢復了，神經系統的復原期卻要更長。

高強度訓練不僅導致肌肉細胞的傷害，也連帶移動了埋佈其中的神經網絡，對神經產生相同作用 [3-5]，這也是為何神經恢復期有兩個階段的原因。

如果將其比喻成汽車的煞車系統，但是每煞車一次煞車油就漏出一些，就像進行越多組訓練後，神經傳導物質消耗掉越多，最後這個煞車終究有失靈的一刻，也就是神經系統的疲勞隨訓練進行而累積。如同修理煞車系統需要補充煞車油，訓練後的休息可以補充神經傳導物質的存量。

神經系統的雙相恢復過程

話雖如此，大重量訓練後的神經系統恢復仍然頗為緩慢，理論上恢復在 24 小時內會發生，不過在完全恢復前，修復能力就又下降了。

關於神經系統恢復的矛盾現象已有明確的科學證據來說明，在高強度訓練後，自主收縮的肌力下降了 38% [3-4]，即使在 7 天後仍然沒有完全恢復；如果改以電流直接刺激運動單元（motor unit），訓練後收縮肌力會下降 19%，而減損的肌力只要 2-3 天就完全回復平時水準 [3-4]。

神經系統的損傷

神經系統的恢復速度與損傷程度相關，當神經髓鞘因訓練受傷害，神經肌肉接合處會損失部分的保護屏障 [6-8]，在高強度訓練後，神經纖維如同肌肉一樣受到損傷，並且在數小時後損傷沒有自行修復，反而變得更嚴重。

髓鞘的作用為何？

髓鞘（myelin）包覆神經纖維提供絕緣性，並確保電流訊號有最佳的傳導速度，髓鞘一旦因訓練而受損，神經訊號的強度就會暫時減弱。

同時整個動作系統都會受到減損，因此健身者不會連續兩天用相同動作負荷最大重量，頂尖健力選手也會在賽前 2-3 週開始避免舉自己的極限重量，才能確保能在關鍵時刻達到力量巔峰。

有許多分子協助神經系統的恢復,其中一個稱為 agrin,屬於一種蛋白多醣,存在於神經肌肉接合處(神經末梢連接肌肉細胞處),做為細胞膜的調節分子,同時也負責突觸部位的恢復。

但肌力訓練會破壞 agrin,不僅讓肌力降低,也拖慢了接合處的復原速度[8],此現象等同於醫學上的神經失用(neurapraxia)症狀,只不過這不是疾病,只需要休息幾天就會回到正常狀態。

肌力訓練如何破壞髓鞘?

高強度訓練破壞髓鞘的機轉有兩種:

1 機械傷害:因肌肉收縮時壓迫神經,離心收縮時又拉扯同一條神經,這樣反覆的刺激就足以破壞髓鞘。

2 化學降解:高強度的訓練會製造發炎、氧化物質及代謝廢物,這些都能傷害髓鞘。

如同肌肉組織,神經系統的損傷也會在訓練後數天才慢慢浮現,這樣的延遲也會拖慢復原速度。

緩慢的神經恢復

不過,肌力訓練同時也促進了神經修復物質的製造,例如神經生長因子(nerve growth factor),只是這些修復速度緩慢,因此高階運動員在兩次高強度訓練日之間最好預留長一點的休息時間,初學的健身者就可視情況縮短間隔。

時時變換運動的重要性

另一個神經損傷的現象可見於反覆對同一部位做同一動作後,逐漸失去了感受度。

例如原本做划船運動時對背肌感受度很好,但連續好幾週下來,最後反而會感受不到這個運動的效果。

假使我們總是使用相同的神經肌肉網路,必定會帶來疲勞,只要沒有恢復完全,最後就會失去對運動的感受度。

如何促進神經恢復？

與身體活動的相反就是睡覺，肌力訓練是消耗神經系統，而睡眠則促進其恢復，不過實際狀況比這要更複雜一點。

運動對睡眠品質的影響

人們直覺上會認為訓練後的疲勞有助於睡眠，事實與此相反，運動員是睡眠品質最差的族群之一[9-10]。

運動員睡眠障礙的發生率高於一般人，不管是睡眠的長度和品質都有減損[11]，雖然這是平均值，實際上總是有人好有人差，大致上還是可以說有少部分運動員睡得很好，但另外一大部分則不然。

健身者通常因為體型較大，又更容易為此所苦，除了有較高的睡眠呼吸中止機率[12-13]，若頸部、背部和肩膀有傷也會影響睡眠。

由上可知，運動對於睡眠的影響是比較負面的，但運動令身體疲憊，又格外需要睡個好覺來促進恢復（尤其是神經恢復），對肌力訓練者來說是個惡性循環：訓練後容易睡不好，睡不好會拖慢恢復、影響健康。

此外嚴重的睡眠障礙常是過度訓練的警訊[14]，只要能睡得多一些，表垻就會好一些[15]。

褪黑激素的角色

褪黑激素（melatonin）是促進睡眠的重要激素之一，除此之外它對神經恢復也扮演重要角色，可以保護神經系統的完整性（反分解作用），並協助特化的幹細胞進行神經修復（合成作用）[16-18]。

某些實驗中研究者刻意製造動物的神經傷害，發現給予褪黑激素可以保護髓鞘，保全神經傳導能力。

除了藉由特殊的抗發炎作用來保護既存的髓鞘之外，褪黑激素還能加速髓鞘合成並刺激其更新[19-22]。

從營養補充角度來看，維他命 C 和膽固醇也對髓鞘合成有重要貢獻[23-25]。

髓鞘細胞膜富含飽和脂肪，並有超過 25% 的成分為膽固醇，而膽固醇對於肌肉恢復及髓鞘再生都非常重要 [26]，如果減脂過頭（例如節食期間）只會拖慢神經的復原速度。

運動對褪黑激素的影響

如果褪黑激素如此重要，人們可能會預期重量訓練能促進其分泌，實際上卻非如此。

運動後會有一小段褪黑激素分泌的時間，足以誘發睡意，卻不夠讓人安睡整晚，當然可以趁機小睡一下，只要時間充裕，不致於讓夜間失眠就好，但要注意如果太晚才健身，可能會延後褪黑激素原本在傍晚的製造高峰，讓夜間入睡時間更晚。

關於運動對整體褪黑激素濃度的影響，研究結果並不一致，有些研究顯示運動後褪黑激素平均濃度會大幅升高，有些發現沒有影響，還有些顯示激素濃度會減少。

這些互相矛盾的結果並不令人意外，因為樣本數不夠多，都是隨機挑選的一般人，就算是運動員也有睡得好跟睡不好的差異，不能取個平均值就期待這可以適用於所有人。

比較好的方式是研究較為均質的族群，例如具有睡眠障礙的運動員，應該會發現肌力訓練對降低激素的分泌。

對於睡不好的人，神經恢復速度會異常的慢，攝取兩種營養補充品可能有幫助：

- 褪黑激素的前驅物色胺酸（Tryptophan），或者
- 蒙特羅西酸櫻桃（Montmorency cherry）萃取物。後者是比較天然的補充方式。

神經與肌肉的恢復不同

睡眠會促進組織修復，主要是透過神經系統的再生讓肌力回復，但不代表輕鬆睡大覺就能讓肌肉自動增長。

相反的，夜間因為營養素（尤其是蛋白質）相對缺乏，肌肉中的氨基酸較易流失，稱為夜間分解作用（nocturnal catabolism），還好這個作用影響程度並不大。

兩個睡眠調節機制

人體的睡眠模式主要有兩個調控機制，彼此獨立運作不受對方影響。在健康狀況良好時，睡眠模式主要由內在生理時鐘控制，而發生感染期間人體製造較多量的免疫調節物，則會跳過原有的生理時鐘對睡眠取得掌控[27]，透過對神經系統的作用讓人感到疲累，但又無法順利入睡、睡眠品質變差、或者睡太久，干擾了正常的睡眠模式，而高強度的訓練對免疫系統也會產生與感染相似的效應。

接著某些因子（例如上皮生長因子）的產量開始增加[28]，足以讓人感到昏沈，卻不一定足夠誘發睡眠，與褪黑激素的作用相反，讓不正常的睡眠取代健康睡眠，一旦這樣的症狀發生，意味著健身者必須降低訓練的頻率及負荷的重量。

透視運動後的痠痛

健身者對於痠痛常有特殊的想法，讓人產生一些違反直覺的假設，
而推導出錯誤的結論。

個人知覺可能天差地別

肌肉在無張力的狀態下可能幾乎感受不到痠痛，通常都是在收縮或受壓力時才覺得痠痛，而且收縮越用力，疼痛越明顯。同樣地，痠痛的程度也會有白天夜晚之分，通常在半夜會最嚴重，生病時也有類似的變化：傍晚準備入睡時，痠痛總是最嚴重，因為免疫細胞分泌的發炎物質在夜間到達活性的巔峰[29]。

相反地，當早晨肌肉痠痛平息時，關節和腰椎的疼痛反而最嚴重，這是因為一種稱為隱花色素（cryptchrome）的蛋白質在關節處負責抑制局部發炎反應，但其產量在早晨是低點，大腦清醒的同時也喚醒了關節疼痛[30]。

若單憑直觀的想像，會認為只要組織損傷程度相同，一整天的疼痛程度應該也是固定的，實際上卻非如此，這種痛覺的晝夜差異反應了痛覺的雙面性，尤其是發生在肌肉的痠痛更明顯。

人體之所以能感覺到痠痛是因為這兩個元素：

1 局部（或周邊）元素，直接影響運動中的肌肉。

2 腦部中樞元素，處理肌肉傳來的疼痛感覺。研究顯示神經會促進腦部傳來的痛覺 [31]，當受傷的肌肉處於張力下，疼痛的閾值才會降低，當肌肉放鬆時是不會發生的，而控制這種疼痛調節的部位是在中樞。

有一個技巧可以矇騙過疼痛的知覺，就是收縮痠痛的肌肉，一開始會覺得很痛，漸漸地隨著肌肉被暖身，疼痛就會降低了，甚至有可能完全消失，不過肌肉升溫並不代表痠痛已經不存在了，只是偽裝起來，一旦肌肉冷卻後就又再出現。

長期未解的科學之謎

測量體內與肌肉損傷相關的指標可以追蹤運動員的活動，其中一個指標是肌酸酐激酶（creatinine kinase）肌肉酵素。

通常以很低的濃度存在於血液中，當肌肉損傷發生，這個酵素就會大量從肌肉釋放進血液中，我們可以間接推測血中的激酶濃度越高，代表越多肌肉纖維受損。

而假使認為肌肉痠痛程度正比於受損程度的話，則肌肉痠痛越嚴重時應該激酶濃度越高才對，然而只有極少數的研究能支持兩者的關聯。通常不是激酶濃度尖峰和痠痛程度不同步，就是嚴重疼痛的時候激酶濃度卻正常，有時也會激酶濃度升高但卻完全沒有症狀。

一個近期的研究也證實了這些理當緊密相關的因素實際上沒有什麼關係。受試者以單純的離心收縮執行高強度的臥推訓練，藉由胸肌的最大損傷創造最大的痠痛感，運動員在 48 小時後達到疼痛的高峰，而肌肉損傷的高峰（最高肌酸酐激酶濃度）卻發生在訓練後三天，當時疼痛的強度已經減半了 [32]。

兩週後同一批受試者重複相同的訓練，最大疼痛發生在 24 小時後，但肌酸酐激酶濃度卻沒有上升，證實肌肉疼痛未必有肌肉損傷，也可能發生損傷卻不怎麼疼痛，肌肉損傷的程度與疼痛程度沒有必然相關性。

但這種現象怎麼想都不合理，中間是否有什麼錯誤呢？除非肌肉痠痛的原因並不來自於肌肉本身！

意料之外的痠痛之源

與既有認知相反，只有一小部分的疼痛感是來自於收縮的肌纖維本身，其他絕大部分來自於局部的筋膜（包圍肌肉的構造）[33-34]，對痛覺最敏感的受器就位於筋膜，平均比肌肉中的痛覺受器多了六倍的神經支配，也就是敏感度高了六倍之多[35]。

研究者將一種會引發疼痛的物質精確注射到局部組織，在高強度肌力訓練後的數天內，注射至筋膜組的疼痛度高了十倍，而注射至肌肉組的疼痛度則維持在正常水準，源自筋膜的疼痛只代表訓練引發了損傷，修復完成之前疼痛不會消失，而這跟肌肉的恢復和生長沒有關係。

的確，肌肉纖維因訓練而受損，需要重建與強化[36]，不過這些收縮性組織並非人體感到痠痛的主要原因。

實際影響

上述的醫學發現在應用時帶來了幾種顧慮：

1 如果痠痛位於肌肉肌腱交界處而非肌肉中心，需要特別注意，這表示此運動伸展期的活動度可能太大了，如果持續此種訓練，肌腱病變甚至撕裂的風險會增加。

2 肌肉可能仍感到疼痛，但實際卻已經恢復，此種疼痛或許只是來自筋膜的殘響，消褪得比源自肌肉的疼痛還慢而已。

3 一旦疼痛的高峰過去了，就無須害怕重啟訓練，只要注意避免選用活動度過大的運動（以免過度伸展）或使用極大重量即可，安排長一點的訓練組維持張力（也就是降低活動度，尤其是伸展期的活動度）就非常適合。

麻煩的是有一些肌肉局部的生長因子也會加重疼痛感，例如神經生長因子（NGF，nerve growth factor）和環氧化酶-2（COX-2，cyclooxygenase-2）[37-38]。

相同的觀察也見於神經系統的生長因子，例如膠質細胞源性神經滋養因子（GDNF，glial cell line-derived neurotrophic factor）具有雙重作用，一方面加重局部疼痛感，另一方面促進肌力相關的神經再生[37]。即使對痠痛的肌肉做訓練很痛苦，卻能相當有效的製造出對肌力提升及肌肉發展有益的生長因子。要抗拒使用過大

重量訓練的誘惑，因為組織再生的過程中，肌腱與肌肉的膠原鞘是很脆弱的 [39]。

4 泡棉滾筒或網球按摩有助於筋膜的恢復。

自我按摩：肩膀及三頭肌的背側

自我按摩：腿後肌與臀肌

是否可能對疼痛免疫？

做完某些足以讓身體非常痠痛的訓練後，如果沒有產生預期中的肌肉疼痛，以運動員精益求精的心態會覺得非常失望。但前文已經解釋過，肌肉痠痛有很大一部分是透過中樞處理，而大腦是會跟我們玩把戲的，我們需要先確定自己的感知正確，才不會從錯誤的知覺得出錯誤的結論，換句話說，有些人就是從來不會覺得痠痛，原因何在？可能有人對痠痛免疫嗎？

要證實這個想法，有下列四種測試方式：

1 利用網球或泡棉滾筒在局部施加強烈壓力，盡可能越用力越好。

2 單純做簡單的按摩。

3 嘗試電刺激法強化痛覺神經訊號。

4 再次訓練肌肉。

理論上要分別在半夜、訓練後 30、40、60 個小時分別進行以上測試，才能做最精確的對照，但這並不實際，本書建議利用早上肌肉溫度低的時候進行測試，作為比較基準。

通常這些測試會找出自己都沒注意到的肌肉痠痛部位，並且可以讓運動員確認：

1 身體最真實的感覺。

2 自己所得出的結論是否精確。

3 以及訓練後身體恢復的速度。

確保肌腱與關節的恢復

經過一次肌力訓練或運動練習後，構成肌腱的膠原纖維會經歷深層的結構重組[40]，這個過程對肌腱來說並不容易，因為以胞外基質（膠原蛋白佔 90%）為主要成分的肌腱相對缺乏血液灌流，因此其再生修復所需的時間是最長的。

肌肉與肌腱合成作用的差異

在大腿運動過後，肌肉的合成速度在 24 小時內達到原本的三倍，同時肌肉的膠原蛋白合成速度為 3.5 倍，但是在肌腱卻只增加了 1.7 倍[41]，肌肉的組織重建在三天內就幾乎完成了，但肌腱的修復卻還早得很，兩者恢復的差異是因為肌腱的合成作用比肌肉慢得多，由此可知肌腱再生通常是落後，並且耗時甚久。

有限的軟骨強化能力

同樣地，研究也發現軟骨的強化能力非常有限，以高階舉重選手為例，膝蓋的軟骨厚度只比久坐不動的族群多出 14%，顯示關節即使面對持續的重量負荷，所能做的調適也極為有限[42]，更糟的是，關節的恢復速度甚至比肌腱更慢，大大提高慢性損傷的風險。

軟組織間的共通點

關於筋膜、肌腱、韌帶以及關節的修復速度如此耗時，是否能用相同的原因來解釋呢？從結構上來看，它們確實有共通點：這些組織的血液循環都不太充足，此外運動員的忽略也有關係，即使這些軟組織的修復如此重要，卻通常沒得到應有的重視。

為了加速肌肉恢復，健身者會努力提高蛋白質攝取量，但對於關節和肌腱恢復所必需的營養素該怎麼補充呢？傳統的蛋白質來源（乳清蛋白、酪蛋白、雞蛋等等）由氨基酸組成，會先供應收縮性的組織，對於筋膜、肌腱和關節中受損的膠原蛋白補充效果就差很多[43]。

而運動後的痠痛與筋膜的膠原蛋白受損有密切關係，這代表痠痛時提高膠原蛋白攝取量才是明智之舉，而筋膜正是由富含膠原的結締組織構成，對於肌腱、韌帶和關節也是一樣的道理。

膠原蛋白真的會缺乏嗎？

膠原組織所含的蛋白質佔了全身蛋白質的 30%，分佈在於肌腱、筋膜、韌帶及皮膚中，顯然飲食中的蛋白質攝取也應該要反映這樣的組成，但即使是專業的運動員也常常忽略這一部分。

理論上人體應該有能力從其他蛋白質合成出符合需要的膠原蛋白，因此飲食中的膠原蛋白攝取量對身體應該沒有太大影響。

然而許多研究顯示有額外補充膠原蛋白者的皮膚會變光滑，指甲的生長速率會加快，這證明在沒有外來膠原蛋白的補充時，身體會就有限的資源作分配，限制了內生性的膠原合成。

而這個缺乏膠原蛋白的假說，還可以被另一個人類學的發現所強化：在相同身高與體重的條件下，人類祖先的關節問題比起現代人類要少得多，即使他們的身體活動強度比現代人要大得多[44]，因為人類祖先的飲食來源是皮膚、骨頭肉湯、內臟等富含膠原蛋白的食材，這些都是現代人較少攝取的食物。

因此，由其他蛋白質合成出符合需要的膠原蛋白的理論並不適用於全人類，而且多半不行，或許某些人的膠原蛋白可達到供需平衡，但絕大多數人，尤其是運動員卻不然，缺乏膠原蛋白恐會延緩恢復速度並且導致病變，特別是肌腱病變。

運動員是否有更高的膠原蛋白需求？

肌力訓練讓膠原蛋白的需求提升，而膠原蛋白又是恢復所必須，實際上肌肉對於高強度收縮的第一個反應就是儲備膠原蛋白，以自我保護不受這些動作的傷害[45]，研究也證明第二天訓練的痠痛之所以比第一天來得輕微，主要是因為肌肉已先強化了膠原蛋白的外膜，使其對肌力訓練導致的微小創傷更具有耐受度。

接著要討論肌腱的再生，這是一個持續發生的過程，只是在運動之後變得更明顯[47]，因此肌腱病變原因不外乎密集訓練帶來的損傷未完全恢復，或者在身體需求增加期間來自飲食中的膠原蛋白前驅物不足，在極度缺乏外來補充狀況下，肌腱甚至會回收自己的膠原蛋白再利用[48]，這種方式雖然經濟，卻不是最理想的，尤其是再生速度方面。由於做為原料的氨基酸缺稀，成為整個再生過程的瓶頸，而運動員急於增加訓練頻率，縮短訓練間的恢復時間，如果沒有額外補充膠原蛋白，重新建構的過程會延遲或無法完成，接著導致受傷，令原本短暫的疼痛惡化成慢性的肌腱病變，可能永遠無法擺脫！

規律或持續從飲食補充膠原蛋白可以大幅降低關節疼痛的風險，並不是建議要以水解膠原蛋白取代所有蛋白質，因為膠原蛋白中的氨基酸並不會直接影響肌肉中的收縮單元，因此傳統蛋白質與膠原蛋白都是不可或缺的。

結論：健身者應該比照傳統蛋白質的攝取，在訓練期間補充膠原蛋白，因為人體的需要量比我們想像中高得多，別等到疼痛發生了才開始補充，但就算開始較晚也都比沒有補充還好得多[49-52]。

超長訓練組能否加速肌腱恢復？

肌腱在肌力型運動中被高度使用，因此肌腱的恢復格外受到重視，一般運動員即使遇到嚴重的肌腱病變，也可以藉由運動的選擇避過會痛的動作，但健美運動員就沒這麼幸運，再怎麼調整也無法避開比賽的指定動作。

這就是為什麼健美運動員會用非常輕的重量執行上百個單關節運動，也有一些初步的證據支持此訓練法對肌腱恢復的好處，實際上肌腱組織中的血流量與其恢復速度有直接的相關[53]。

促進恢復的超長訓練組指的是每組反覆約 100-200 次，可以在家中利用彈力帶或小重量執行，動作與本書結尾建議的暖身課表相同，每天針對想要修復的肌腱選擇一至兩種動作。

對於已經產生肌腱病變者，理想上應該能針對該肌腱做訓練又不致於引發疼痛，即使無法完全達到此標準，頂多也只能容忍非常輕微的不適，否則如此的訓練法帶來的就會是反效果了。

在《進階肌力訓練解剖聖經》p.38 中建議「一組 100 次訓練」作為瘦弱部位的追趕訓練，希望盡可能動得越多越好。相反地，此處所提的「超長訓練組」概念則不同，是希望在提升肌肉幫浦效應的同時，能避免肌肉太過疲勞。

精準補充營養素

身體恢復過程的管理可以拆解成下面兩個步驟：

1 訓練期間動態調整以符合當天的訓練強度，適度限制訓練量避免身體過度疲勞。

2 訓練結束後儘快以優質營養、休息，或輕重量復習運動和按摩來幫助身體恢復。

這些恢復技巧中最常被忽略的就是營養補充，健身者通常只針對肌肉恢復作為目標，卻忽略了神經和關節的恢復更為重要，以下是最利於恢復的營養補充原則：

對肌肉

1 肌酸酐 (Creatinine)

2 高蛋白粉

3 支鏈脂肪酸 (BCAAs)

對關節

1 水解膠原蛋白

2 N- 乙醯葡萄糖胺 (NAG，N-acetyl glucosamine)

3 軟骨素 (Chondroitin)

對神經系統

1 磷酸鹽類礦物質 (例如磷酸鎂鹽)

2 瑪黛茶 (Yerba mate)

3 甘胺酸 (Glycine)

4 蒙特朗西酸櫻桃萃取物

5 絲胺酸 (Serine)

Memo

肌力訓練動作解析

強化並保護肩關節

在進行肌力訓練時會有許多相對容易代償受傷的部位。比起下背疼痛不遑多讓的就是肩關節的運動傷害，而其中以肩關節囊、韌帶與負責維持穩定小肌群損傷的比例最高，三角肌等大肌群反而不會是主要的受害者。

當然，肩關節傷害並非純粹來自於意外或運氣不好這類不確定的因素，多數情形是關節被迫處於不理想的姿勢擺位下長期使用之故，因此本節將會透過肩關節運動力學上的分析來預防並解決肩關節的許多問題。

肩關節特定病理問題

以下我們會針對主要影響肌力訓練的兩個常見的肩關節病理問題：

1 肩夾擠症候群

2 肩關節前側不穩定

肩夾擠症候群

棘上肌肌肉與肌腱是夾擠症候群最主要影響的部位組織，嚴重的夾擠症狀會迫使許多訓練動作無法執行只能用別的訓練替代，首先來介紹棘上肌的兩個主要功能：

1 棘上肌和其他肩旋轉肌袖的功能相同，可以協助運動時肱骨頭在肩關節盂中的穩定性。

2 同時也協助肩關節側向的外展動作。

但上述兩個功能在每個人的棘上肌運用上卻可能有很大的不同 [1-2]，個體對於棘上肌徵召收縮的差異會影響夾擠的機率以及疼痛的嚴重程度。舉例來說，如果你的棘上肌徵召使用的比例大多在協助手臂外展，只有少部分的比例維持關節穩定，那肌肉受到夾擠時，三角肌還能夠繼續維持外展功能，疼痛相對不會太明顯；反之如果棘上肌在關節穩定的比例大過外展動作時，肌肉受到夾擠的情況下，就很容易在上肢的許多動作感受到明顯的疼痛。

棘上肌是相當脆弱的小肌肉

對於多數人來說即使不是運動員，棘上肌也很容易因為過度使用而受損。對於長期坐式生活的族群，超過 40 歲的人有 40% 的比例有棘上肌撕裂的情形。

當然，如同上段提到的肌肉徵召差異，有些人會時常感到肩夾擠的疼痛，其他則對日常生活的影響較少。

由上述的統計結果可知，即便是一般大眾的日常活動都會導致棘上肌的損傷。那對於長期進行肌力訓練的運動員來說，大重量的負荷更有可能會加速棘上肌的撕裂，這也是為何本書在許多不同的訓練動作中都一再強調如何保護這些脆弱的小肌群並有效安全的訓練。

棘上肌損傷的兩大類型

運動醫學領域在多年的統計結果，已經顯示棘上肌肌腱的損傷可以分為兩大類[3-4]，約有 70% 的損傷是發生在肌腱與肱骨頭的連接處，而其餘 30% 的傷害則集中在肩峰下的滑囊結構。然而進一步的分析可以發現在肩峰下滑囊的損傷中有多達 75% 比例的族群從事規律肌力訓練，這也顯示因為肌力訓練引發的棘上肌疼痛大部份是因為肩峰下組織撞擊，而多數好發於需要大量手臂過頭動作的訓練中。

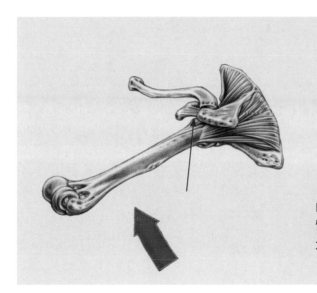

由上往下看的解剖構造圖中可以看出，在手臂外展舉過頭的過程中（大箭頭方向）有很大的機會導致棘上肌肌腱和肩峰互相撞擊。

來談談肩關節的演化過程

如果你比較過現代人類與猩猩等靈長類祖先的肩關節構造，就不難理解為何肩關節疼痛常常是許多運動員困擾的問題之一。

而了解肩關節演化的特殊性，可以幫助你改善進行肌力訓練時的某些錯誤動作，這也就是此處要教的重點之一。

仔細觀察右圖中兩個肩胛結構，可發現猩猩與猴子的肩峰不像人類會覆蓋住肩關節上方，同時猿類的肩關節盂相對人類更面向肩膀上方，這樣的肩胛構造提供猿類更大的肩關節活動度，特別是在上肢過頭的動作讓牠們可以更輕易的在樹幹間擺盪穿梭。

而當靈長類演化到以雙腳為主要移動方式時，代表運用手臂懸吊擺盪的機會降低，肩關節的活動度便不是人類主要的優勢，畢竟日常生活中也不會有長時間雙手高舉過頭的必要性，肩峰進而演化成以覆蓋保護肩關節為主的結構，但在關節穩定度上升的同時，也代表勢必得減少部分的活動度。

肩關節訓練的兩難

當肩峰演化成以覆蓋保護為主的構造之後，只要手臂有任何高舉過頭的動作都會增加棘上肌肌腱撞擊肩峰下方的機會。對於一般日常生活無負重的舉手動作可能不會有太大的問題，但規律從事肌力訓練的人，在肩膀與背部的訓練過程中都可能會反覆超過上百下的過頭動作，其中多數更是在有一定阻力的狀態下進行，肌腱長期反覆累積撞擊的微小創傷就會衍生成日後夾擠的疼痛感。

某些人的肩峰更會呈現喙狀下凹的骨骼構造，更加縮減了肩峰下方空間使得夾擠的機率再次上升；有些人則是因為棘

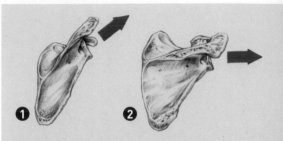

❶ 猿猴的肩胛骨角度構造提供肱骨更大的活動空間，避免關節夾擠。

❷ 人類的肩胛骨相對有限的活動角度與關節空間，大大增加了棘上肌肌腱撞擊摩擦的可能。

靈長類祖先的上肢與肩胛構造，是為了因應長時間高舉雙臂攀爬擺盪的需求。

上肌肌腱厚度較大，也容易提高肩峰下組織互相摩擦的可能[5]，而這些先天構造的差異，就會造成某些運動員夾擠症狀容易復發，但其他人卻不容易受到影響[6-7]。長期的夾擠疼痛會進一步降低肩關節的功能表現，並且讓運動員在訓練上反覆感到挫折與困惑。

對於有肩夾擠困擾的人而言，與其解釋成運氣不好，不如說是不夠了解肩關節的力學結構，因此本書認為依照個別肩關節結構差異選擇適合的訓練動作，才是解決問題的根本之道。

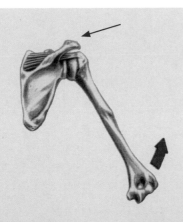

喙狀的肩峰結構減少了棘上肌的活動空間，隨著骨骼發育喙狀結構會更明顯，更容易提高夾擠風險。

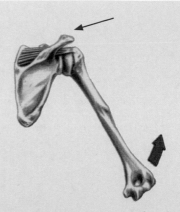

圖中的肩峰結構相對較開放，對於棘上肌的限制較少，但也有可能隨著骨骼發育減少肩峰下空間。

油漆師傅的案例

肩夾擠的情況容易好發於需要長時間高舉手臂粉刷天花板的油漆師傅[8-9]。然而，比起槓鈴槓片來說，油漆刷或滾筒不會特別沈重，因此可以推斷造成夾擠的成因還是以手臂的與肩關節的位置為主，重量扮演的角色則是決定夾擠症狀惡化的速度，因此由解剖位置和負荷兩個因子可以決定肩關節夾擠形成的狀況。

但對於其他長時間將手臂舉在眼前高度左右的油漆師傅（多數時間粉刷牆壁而非天花板），肩夾擠的發生比例就相對較低，因此手臂舉起的高度在眼前與超過頭頂兩者的差異相當顯著，這個解剖位置的差異，便可借鏡肩部與背部阻力訓練的姿勢做調整。

有許多需要大量手臂過頭動作的運動員（如棒球投手）在職業生涯與退役後都會反覆受到間關節夾擠疼痛的困擾[10]。

其他誘發肩夾擠疼痛的成因

除了上述典型的肩夾擠成因，肩關節疼痛的症狀也有可能是因為肱骨頭位置受到肩關節前後側肌群失衡的關係，向前向上的偏移。

肌肉失衡的狀況，通常是因為運動員針對肩部前側（胸部肌群、前三角肌）訓練量的比例高於肩部後側肌肉（後三角肌、中斜方肌、棘下肌與菱形肌）。肱骨頭位置偏移同樣會減少肩峰下的結構空間並增加棘上肌肌腱摩擦的機率。除此之外還有下列其他因素可能會導致肩關節夾擠疼痛：

- 肩旋轉肌袖損傷導致肩關節不穩定。
- 過度伸展三角肌周邊韌帶。
- 肩盂唇損傷。
- 其他方向的肌肉失衡，例如健身訓練常見上斜方肌（偏強）與下斜方肌的肌力（偏弱）失衡 [11]。

上述這些增加夾擠機率的因素，其機轉通常都是影響肩胛骨轉動的軌跡，使肩關節偏離正常中立位置。如果只有單一因素影響，通常不會那麼容易出現夾擠症狀，但上述這些因素通常是交互影響而且會隨著長時間的累積導致夾擠的情況快速惡化 [12]。

對於運動員來說，最常遇到的情況往往是在受到夾擠症狀影響的同時，又伴隨其他不同程度會誘發夾擠的風險因素。透過適度的補強背側肌群來讓肩關節重新回到中立位置，可以減緩一定程度的疼痛感，同時強化負責肩關節穩定的棘下肌，也可以幫助預防並減輕夾擠的症狀。

哪些運動最容易造成夾擠症狀

當然最需要被注意的動作不外乎肩推訓練，尤其雙手往背後延伸越多就越容易增加肩關節夾擠的風險，所以往頸後延伸的肩推通常較頭頂前方的肩推相對危險。但後者同樣也有一定機會誘發肩關節夾擠，尤其對於向後、向上固定軌跡的肩推機台在使用時更要特別注意。要了解肩關節的夾擠通常不是單單一次錯誤的動作導致，而是大量軌跡不良的肩關節過頭運動累積而成。

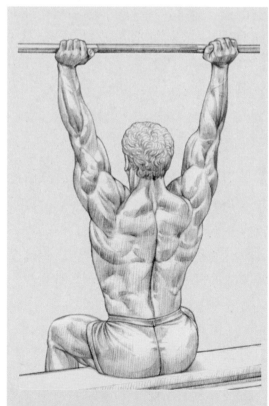

進行肩推訓練時，將負荷往頸後延伸會增加肩夾擠風險。

關鍵在於休息恢復時間

如果保持肩推的範圍不要超過到頸後，並在訓練之間確保有充足的休息恢復時間，理論上就可以避免肩夾擠的發生。但問題就在於運動員的訓練編排，為了追求肌力進步往往無法讓肩關節得到充分的休息恢復。

同時需要注意！即使不是以肩部訓練為主，同樣會有使用到肩關節的時候，例如進行引體向上或高滑輪下拉等背部訓練時一樣會需要將手臂高舉過肩，同樣也會有肩夾擠的風險。又好比手臂訓練時，為了讓肱三頭肌完全伸展會採取手臂過頭的動作模式做訓練，同樣會增加肩關節的壓力，其他如針對肱肌的訓練動作也有將手臂舉過頭的變化方式。

此外常見的經典胸背訓練動作如啞鈴拉舉（pull over），即便是採取仰臥在健身椅的方式執行，還是會有需要將手臂舉過頭頂的過程。如果是配合機台或者高滑輪的拉舉也需要留意肩夾擠的風險。同樣的夾擠風險也有可能發生在經典的腹部訓練動作懸吊提膝或舉腿的過程，因此只要有肩關節過頭的擺位就需要特別小心。

上述這些動作分開來看都不會是造成肩關節夾擠的主因，但訓練規劃的難處就在於日復一日輪流反覆進行這些動作造

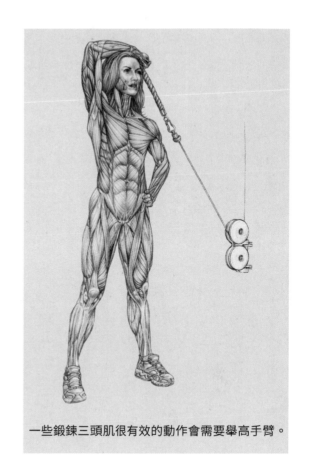

一些鍛鍊三頭肌很有效的動作會需要舉高手臂。

成肩關節微小的損傷，這時候如果又沒能維持訓練間充足的休息恢復，長期下來就會大幅提高肩夾擠的可能性。

預防肩夾擠從踏進健身房的第一天開始

在經過多年的訓練後，真正影響繼續進步的原因往往是運動過程中累積的慢性病痛。初學者或年輕的運動員通常不會把傷害預防納入訓練考量中，直到疼痛感逐漸影響到自己訓練的方式才發現為時已晚。

統計上在所有進行肌力訓練相關的運動傷害中,肩關節的損傷就佔了 36%[13]。在針對平均訓練經驗長達九年的族群進行調查,其中有 26% 的人在過去 3 天內仍受到肩夾擠疼痛的困擾,而高達 74% 比例的族群在過去一年都還有出現肩夾擠疼痛的症狀。

人類肩關節不適合長時間反覆過頭運動的解剖構造,並不是什麼重大發現,嚴格來說只能算是生物力學的範疇,但許多運動員甚至教練與體能訓練師都沒有特別留意這項先天結構的限制,在編排訓練處方時反而造成肩關節過度的壓力。

認真檢視每項訓練動作

預防肩夾擠症狀的第一步就是徹底篩檢每項訓練動作可能的潛在風險,避免日復一日重複高風險的訓練動作,一樣可以健康安全地強化肩部肌群。藉由其他有相同效果的變化動作來替代高風險的過頭訓練,就可以降低肩關節負擔,如此一來,棘上肌就可以在訓練間確實得到完整的休息恢復,而不會在進行其他部位的訓練時又被迫處於夾擠位置。

替代動作

肩部肌群的替代訓練動作

基本上只要調整減少手臂過頭動作的範圍,就可以大大減輕肩關節的負擔。因此以常見的坐姿肩推動作為例,將原本90 度的健身椅替換成斜板椅進行肩推動作,就可以避免肩關節在伸直手臂後處於容易夾擠的擺位。

當然這樣的調整會相對增加上胸部分肌群的收縮,並減少原本三角肌群的發力,但在實際訓練的成效上並不會造成負面的影響,因為多數需要將負荷舉過頭的運動中,本來就需要上胸與肩部肌群共同參與。而且對多數運動員來說,往往是肩部肌群相對強壯而上胸肌群較

進行傳統肩推訓練時,將原本垂直的健身椅改成有些許傾角的斜板椅來減少肩關節壓力。

為無力,同樣在進行上斜板胸推時也會需要借助部分肩部前側肌群的收縮,當然你也可以參考後面會介紹的斜上推舉動作(Jammer press,p.107)來達到相同的訓練效果。

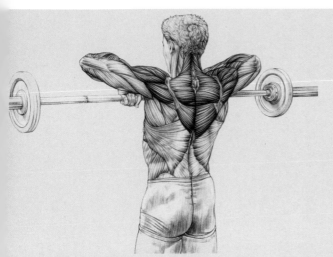

直立上拉會提高棘上肌撞擊肩峰的機率。

臉部高度的水平划船動作，要以肩關節不會感到不適為前提調整手肘高度。

此外肩部訓練常見的經典動作直立上拉（upright row）同樣也會提高棘上肌撞擊肩峰的風險，當然最直接的方式就是替換掉這項訓練動作（尤其對於已經有夾擠症狀的族群），又或者上拉槓鈴的高度不要高於胸部中段的位置（對於還沒有夾擠症狀的族群）。同樣的道理，進行啞鈴前舉（front raise）時也儘量避免將手臂舉到超過肩膀的高度，基本上只要舉到與地面平行的位置即可，如此就能減少肩關節夾擠的可能。

背部肌群的訓練替代動作

最基本的概念就是避免每次訓練都安排引體向上或其他雙手過頭下拉的訓練動作，尤其對於還沒有夾擠症狀的族群來說，比較保險的背肌課表編排應該在完成引體向上的訓練後，接下來的一到兩次訓練內容以划船系列的動作替代訓練

做啞鈴前舉時，注意啞鈴高度不要到過頭位置以免棘上肌和肩峰互相摩擦。

背肌（甚至改成硬舉也有幫助），當然主要還是因為划船系列動作相對不需要有肩關節過頭的動作，可以降低棘上肌損傷的機率。

而對於已經有肩夾擠疼痛的族群，則需減少引體向上的訓練頻率，即使只是在每次背部訓練後做個一兩組引體向上都會影響肩關節的恢復，寧可採取一次完整訓練量的引體向上課表後，接下來的幾次訓練用划船動作替代的方式，才可以讓肩關節有有充足且完全的休息恢復。

手臂肌群的訓練替代動作

本書中有許多不需要肩關節過頭的肱二頭肌與三頭肌訓練方式，用這些替代動作就可以避免肩關節夾擠症狀再次惡化。

胸部肌群的替代訓練動作

常見的胸部肌群訓練動作可能有夾擠風險的就是啞鈴拉舉（或搭配機台的類似動作）。為了降低棘上肌與肩峰摩擦的可能，可以改成搭配可調式的滑輪並將高度固定在平常的三分之二坐下拉動作，如此當手臂回到起始位置時，就會停在接近眼前的高度而不會造成肩關節的過度屈曲。這時候如果搭配較寬的拉桿（至少大於肩寬）更可增加動作穩定度讓下拉尾端的部分收縮更為完整，並減少部分肩關節在起始位置受到的壓力。

腹部肌群的替代訓練動作

腹肌訓練中常見有肩夾擠風險的動作之一為懸吊舉腿，可以把雙手過頭懸吊的方式替換為手肘搭配雙槓的支撐方式，如此便可以降低肩膀懸吊夾擠的風險並維持舉腿腹部訓練的效果。

將啞鈴拉舉動作改成適當高度的滑輪下拉，便可以降低棘上肌和肩峰摩擦的機會。

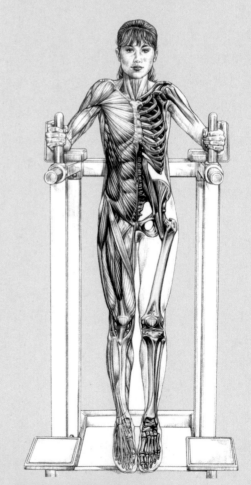

雙槓舉腿的腹肌訓練架可以替代單槓，來降低雙手懸吊對肩關節的負擔。

肩關節前側不穩定

另外一項常見的肩關節問題為肩關節前側不穩定，統計顯示有高達 71% 的運動員都曾受過影響，但在相同年齡層的久坐族群中比例卻只有 19%[19]。而在肌力訓練中最主要會導致肩關節前側不穩定的動作分別是：頸後方向的滑輪下拉（或類似的機台動作）以及頸後背槓的肩推訓練。

如果這兩項動作剛好是你認為必要且常做的訓練動作，那在訓練時最好避免將槓鈴或拉桿完全下放或下拉到頸部後方的位置，因為這樣的擺位容易導致肩關節前側韌帶過度伸展。實際在訓練時，如果拉桿或槓鈴往後延伸的幅度越大，就越容易感受到肩部前側牽張的壓力，而長期處於這種過度伸展的擺位，就有可能會導致日後關節韌帶的鬆弛，形成肩關節前側不穩定的症狀。同樣地，如果肩關節時常有鬆弛浮動的感覺出現時，請先停止肩部甚至手臂肌群的伸展動作，即使肱二頭肌與三頭肌的肌腱也有部分穩定肩關節的功能。

避免肩關節不必要的旋轉

介紹這些替代訓練動作與微調方式，最主要的目的是在於減少肩關節不必要的負擔，因為只要從事肌力訓練就必須了解人體並非無堅不摧，所有的關節或骨骼肌肉等軟組織都有一定的耐受上限，個體間的差異只在於從過度使用到傷害形成的時間長短不同，即便這些高風險動作很多都是肌力訓練常見的經典動作，但為了避免肩關節陷入過度使用的惡性循環，就需要配合上述的替代方式來避免肩關節不必要的過度屈曲或旋轉，讓關節組織有充分的休息恢復。

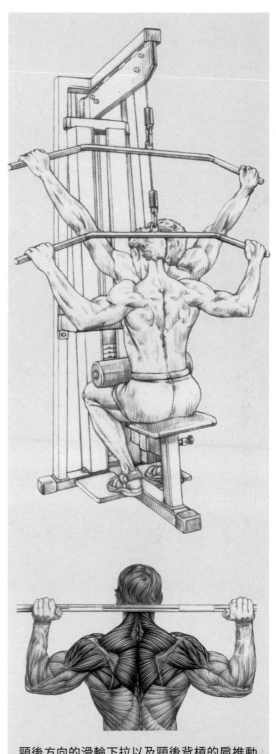

頸後方向的滑輪下拉以及頸後背槓的肩推動作，都容易造成肩關節前側韌帶過度伸展。

強化中三角肌的啞鈴側飛鳥動作是肌力訓練中常見的肩旋轉動作，一般的動作步驟會指示學員起始在兩手平行、掌心相對的位置，開始側舉的過程中配合前臂的旋前讓拇指轉向地面如同倒水的動作，舉到接近與地面平行的位置後放下回到起始位，同時前臂旋後轉回原本掌心相對的位置，這樣的動作指示會需要三角肌群完成下列三個條件：

1 維持肩關節穩定；因此肌肉需要保持一定的張力讓肱骨頭可以穩定在關節盂中活動。

2 先不考量關節摩擦的大小與張力問題，肌肉本身需要有足夠的力量將手臂與啞鈴往上舉起。

3 除了控制側向的外展動作，還需要能穩定控制過程中肱骨頭本身向內的旋轉。

單純看這三個條件本身似乎並沒有明顯的傷害風險，但你必須考量到實際執行這樣的動作可能會反覆到上千次的訓練總量，所有的小細節都會用倍數放大，因此如果將動作調整成一開始就保持前臂旋前的方式側舉，就可以更進一步減少掉過程中肱骨頭旋轉摩擦可能造成的細微損傷。

同時這樣的調整方式，也會提供肩部與背部肌群更好的共同收縮效率，同時在頂端也可以避免棘上肌與肩峰的夾擠。

肩部訓練常見的問題：

『不管使用啞鈴、滑輪、機台甚至改成單邊訓練 做側飛鳥肩部感受度都很低』

以肌動學概念來看側飛鳥的動作，最主要負責手臂側舉的肌肉就是中三角肌以及棘上肌。研究曾經透過麻醉的方式阻斷棘上肌運動神經後，發現在同樣的側飛鳥動作中三角肌增加了 50% 的神經肌肉徵召[1]。學者認為這代表三角肌與棘上肌力量輸出在某種程度上是相互競爭的關係。同時研究也發現棘上肌的參與比例在不同人之間有明顯的個體差異[2]，少數人甚至連上斜方肌都會參與側舉動作的肌肉收縮。

上述的研究可以說明為何某些人在肩部訓練的感受度較低，且不容易練出發達的三角肌群：因為在側飛鳥的動作中，上斜方肌與棘上肌的收縮比例較高，影響了三角肌群主要的功能發揮，並限制了肩部肌群的發展。

如果你發現自己在側飛鳥的肌力上升卻沒有同時反映到肌肉量的增加，很可能就是因為上述這種肌肉徵召競爭的結果。因此為了要獨立出三角肌群的徵召與收縮，這裡建議可以採用下列方式：

- 使用纜繩機將滑輪固定在膝蓋高度。
- 半跪在椅背傾角約 70 度的健身椅來固定身體。
- 使用手綁帶或拉力帶連結滑輪與手腕，讓前臂肌群與手掌放鬆來提高對肩部肌群的專注度。

後面會說明如何提高二頭肌感受度的方式與特定輔具的使用。

以單側訓練的方式執行，如果有下列兩種情況可以參考對應的調整方式：

1 感覺一開始的阻力過輕：軀幹稍微傾向作用手的對側，來增加起始位置的阻力。

2 感覺一開始的阻力過重：軀幹稍微傾向作用手的同側，來降低起始位置的阻力。

搭配纜繩機將滑輪固定在膝蓋高度做側飛鳥，可以增加中三角肌的感受度。

配合彈力活化帶肩關節內外旋肌群

動作特性

使用彈性阻力的肩關節內外旋訓練，是針對旋轉肌袖的單關節運動，除了幫助提升肌力，更重要的目的是活化旋轉肌袖的小肌群。

訓練方式

肩關節內旋動作

保持站姿，雙手自然放在身體兩側，以旋後掌心向前的方式抓住彈力帶（使用低阻力彈力帶），雙手往外稍微分開讓彈力帶繃直，接著帶動肩關節內旋，讓整條手臂向內轉使拇指轉向身體中線，這時候彈力帶會捲向小指頭，持續內旋到雙手拇指相對後，就可以放鬆回到起始位置繼續反覆。

起始位置：雙手旋後讓掌心面向前方。

結束位置：雙手向內旋轉使拇指相對。

肩關節外旋動作

保持站姿，雙手自然放在身體兩側，以旋前掌心向後的方式抓住彈力帶後，雙手稍微往外繃直彈力帶，保持張力開始做肩關節的外旋動作將拇指轉向外側，

過程中彈力帶會捲向大拇指，持續外旋到雙手拇指面向身體外側後，便可放鬆回到起始位置繼續反覆。

起始位置：前臂旋前掌心向後抓住彈力帶。

結束位置：肩關節外旋到拇指面向身體外側。

補充說明

上述內外旋的兩種訓練方式，彈力帶也可以放在身體後方做訓練，可以依照個人習慣做選擇。

動作要訣

■ 可以調整一開始彈力帶抓握的位置，來改變訓練阻力大小。

■ 在不會造成肩關節不適的前提下，盡可能做最大範圍的內外旋，並完成每組20 到 50 下的反覆次數讓旋轉肌袖完整活化。

雖然有很多健美選手會採用站姿啞鈴的肩內外旋訓練，但這種方式對於
活化肩關節與旋轉肌袖的效率較低。

⚠ **有許多用啞鈴進行的肩關節旋轉動作，其實都有相對較高的傷害風險而且訓練效益也較低，通常針對旋轉肌袖小肌群的活化，搭配彈力帶提供的彈性阻力較為安全有效。**

動作優勢

彈力帶在進行訓練前的活化暖身動作，是相當有效且容易攜帶的訓練工具。彈力帶提供的彈性阻力與方向性的自由度，可以完成許多器械機台和槓啞鈴做不到的動作。

缺點

彈力帶的阻力和訓練量在計算上相對較為麻煩，在編排處方時需特別注意要依照個人能力與感受使用適當強度的彈力帶。

訓練風險

這項動作本身並沒有明顯的潛在風險，但要記得在每次訓練前確實做好肩旋轉肌袖的活化暖身，才能達到長期預防傷害的效果。

斜上推舉

動作特性

斜上推舉（Jammer Press）是可以帶入全身性參與的多關節動作，能夠訓練到全身大肌群的動力鏈連結，並主要強化前三角肌、胸部肌群以及肱三頭肌的肌力。本書將斜上推舉編排在肩部訓練課表中，主要是為了避免傳統肩推訓練可能會產生的風險問題。

訓練方式

站在斜上推舉的機台中，雙腳前後分開提高軀幹穩定性，抓住機台把手、站穩腳步、保持軀幹中立，手臂用力向前推。除了最後的幾下反覆次數以外，其他動作過程中手臂不要完全打直，讓肌肉持續感受到阻力，推到定點後便可回到起點繼續動作。

變化動作

市面上有許多整合斜上推舉把手的深蹲架，優點是可以調整適合自己身高的把手高度，同時也可以藉由調整推舉角度以改變胸部與肩部肌群作用的比例。相對較高的推舉角度可以提高前三角肌的肌肉徵召，而接近水平的推舉角度對於

配合專用機台的單側斜上推舉。

整合斜上推舉的深蹲架可方便調整推舉高度。

胸肌肌力的需求比例就會增加。

如果你使用的是固定的斜上推舉專用機台,則可透過腳步與軀幹前後傾斜的角度,來調整胸部與肩部肌群的作用比例。身體前傾的幅度越大,對於肩部肌群的需求越高;相對身體越接近直立,使用胸肌的比例就會提升。

如果你的訓練環境沒有斜上推舉專用的機台,也可以使用下列的替代方式:

1 配合夾胸訓練常用的滑輪機,並將滑輪固定在胸口高度做斜上推舉。

2 直接使用 T 槓的划船機台替代,可以採取單邊或雙邊的斜上推舉。

3 使用槓鈴搭配地雷管,或固定在牆邊角落做斜上推舉。

上述的變化動作,都可以採取單邊或雙邊的斜上推舉訓練,同時也可以依照需求採取站姿或坐姿的方式訓練。

❶

❷

使用可調式的滑輪機台做雙邊的斜上推舉。
❶ 起始位置
❷ 結束位置

使用槓鈴搭配地雷管的斜上推舉。

動作優勢

■ 比起傳統的許多常見肩推動作，斜上推舉可以有效強化三角肌群，同時避免肩關節過頭動作導致的夾擠風險。

■ 比起一般使用啞鈴、槓鈴或機台接近直線方向的肩推動作，斜上推舉可以提供相對自然的弧線運動軌跡，減少肩關節內部多餘的磨損。

■ 站姿的斜上推舉比起常見坐姿的肩推動作，更可促進全身動力鏈的連結。

缺點

■ 比起傳統肩推，斜上推舉對三角肌的徵召相對較低。

■ 在離心階段，如果槓鈴或把手放下的速度過快或位置過低，有可能會拉傷二頭肌長頭肌腱。

訓練風險

和肩推動作一樣，如果下背過度伸展代償，可能會讓三角肌的施力比較輕鬆，但這樣反而減少了目標肌群的訓練強度並且會破壞下背整體的穩定性。

取巧式的單臂啞鈴側飛鳥

動作特性

這項針對傳統側飛鳥改良的訓練動作，同樣是以中三角肌為目標肌群，同時也會使用到部份肩部後側肌群肌力。主要目的是為了減少傳統側飛鳥肩夾擠的傷害風險，同時也能夠提高肩部肌群的訓練強度。

訓練方式

將健身椅椅背傾角調整到 75-90 度之間，一手抓住椅背維持穩定，另一手以接近拳眼朝內的方式抓住啞鈴（前臂旋前約 20 度），在起始位置軀幹微微向前傾並將啞鈴側向舉高，到接近頂端時，上半身挺起讓肩部後側肌群的力量一起參與，讓背部適度伸展並打開胸廓，完成後再放下負荷繼續反覆動作。

動作要訣

肩寬較窄的人可能會覺得側飛鳥底部的動作
範圍較小，相對肌肉的感受度較低，這時候
可以增加身體向前傾的角度，讓啞鈴從側邊
改到身體前方啟動，增加部分動作範圍。

變化動作

1 如果你完全沒有任何肩關節的病痛，可以
嘗試加入一些軀幹轉動的爆發力來舉起更
重的負荷（這是其中一種「取巧」的代償方
式），盡可能加大上下動作的活動範圍。

2 但是對於有任何肩關節疼痛問題的人，就
建議不要借助軀幹的動力，反而應該以穩
定控制的速度進行訓練，將啞鈴側舉到接
近與地面水平的位置就可以減速放下回到
原位。

3 側飛鳥的動作在頂端，小指可以略高過拇
指或者反過來讓拇指朝向斜上方，但不論
哪一種握法都要保持腕關節穩定中立。

4 除了啞鈴之外，也可以使用纜繩機將滑輪
固定在較低的位置做側飛鳥，滑輪可以連
接一般的單手握把或者使用綁帶套（請參考
p.157）在手腕做訓練，來增加肩關節感受
度。

5 不管採用上述哪種變化動作，都可以將軀
幹往前傾 20-30 度來增加肩部背側肌群的
感受度，並將拇指方向固定面對地面或天
花板，過程中另一手扶住健身椅維持穩定。

起始位置。

結束位置可以讓肩關節保持內旋，讓小指位
置稍微高過拇指。

結束位置也可以不做肩內旋，讓拇指自然朝
向上方。

動作要訣

如果沒有適合的健身椅，也可以將另一手撐在大腿上保持穩定，但這種方式由於身體沒有額外支撐力量，所以必須保持相對穩定的速度做側飛鳥。如果想以較大的重量進行訓練，還是建議將軀幹固定好來減輕肩關節與背部的壓力，同時也比較容易可以借助軀幹帶動的爆發力舉起重量。

沒有健身椅的情況，可以將另一手固定在大腿上。
❶ 起始位置
❷ 結束位置

補充說明

傳統側飛鳥會將啞鈴側舉的軌跡限定在與身體的額狀面上避免前後的偏移，但這裡建議可以嘗試在起始位置，讓啞鈴從身體的前方開始側舉，並加上些微往後的軌跡到頂端停在身體後側一點的位置，這樣的三維軌跡可以更貼近肌肉實際的收縮方向。

解決惱人的肩夾擠症候群

在手臂側舉的過程中，肩夾擠的症狀最容易發生在側舉高度超過與地面平行線的範圍，同時如果將拇指轉向地面就更容易誘發夾擠疼痛。

由解剖構造來看，當手臂內旋把拇指轉向地面時，肱骨頭上的大結節會將棘上肌肌腱推往肩峰下方的位置。大結節如同字面上的含義是肱骨頭上一塊體積較大的突起結構，在傳統的側飛鳥動作中，拇指朝下的方式會讓大結節在頂端頂住棘上肌肌腱撞向肩峰，因此如果肩關節外旋讓拇指朝向上方做側飛鳥時，接觸到棘上肌肌腱的結構就是體積相對較小的小結節，如此一來便可延後棘上肌肌腱往上接觸肩峰的時間點，同時減少撞擊的力道，減緩夾擠症狀的產生。

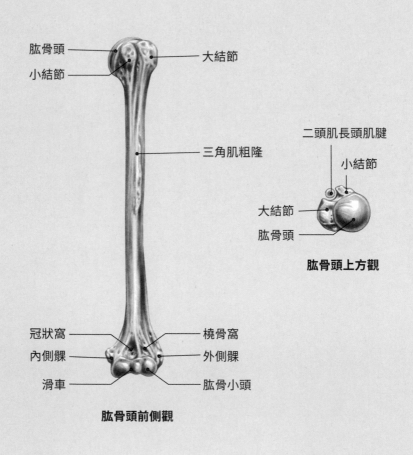

肱骨頭　　　　　大結節

小結節

二頭肌長頭肌腱

小結節

三角肌粗隆

大結節

肱骨頭

肱骨頭上方觀

冠狀窩　　　　　橈骨窩

內側髁　　　　　外側髁

滑車　　　　　　肱骨小頭

肱骨頭前側觀

動作優勢

藉由軀幹前傾來增加肩部中／後側的肌群力量連結，同時另一手扶住健身椅，可以大幅減少下背的負擔。

缺點

雖然側飛鳥的動作理論上可以雙手一起訓練，但在實際情況下雙手同時側舉容易影響動作軌跡的穩定度，增加肩夾擠的風險，這就偏離本動作主要預防傷害的目的。雙手同時訓練也缺少了另一手的穩定功能，在訓練負荷上就無法使用大重量執行，所以原則上還是建議採用單邊側飛鳥的方式訓練。

訓練風險

如果側舉的高度過高還是會有肩夾擠的可能，因此要避免軀幹與啞鈴的慣性將手臂拉到不利的位置。

克服結構複雜的背肌訓練

背部肌群可以說是全身結構組成最複雜的大肌群。就如同本書針對其他肌群的分析一樣，最重要的關鍵還是在於解構其中組成的大小肌群各自的組織型態與運動功能。以健美訓練的角度而言，理想的背肌外型必須要能鍛鍊出夠大的肌肉量，從肩膀覆蓋一路延伸到臀部上方，背闊肌越發達越修長越好，但如果從解剖與力學的角度來說往往不是如此。

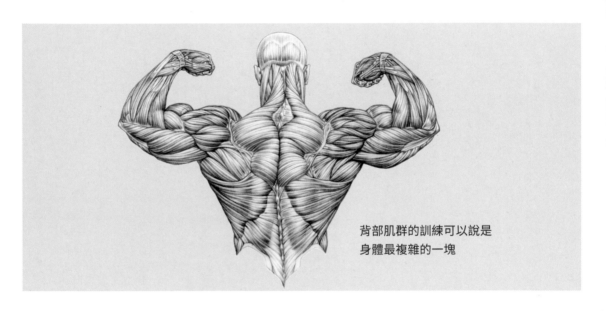

背部肌群的訓練可以說是身體最複雜的一塊

背部肌群的解剖與組織型態特性

背闊肌的寬度

除了軀幹的長度之外，背闊肌遠端在肱骨的接點位置如果越低，相對肌肉的寬度就越大。相反地，如果肌肉遠端在肱骨上的連結點較靠近肩膀，則背肌的寬度就有限。或許你會覺得接點位置差個幾釐米不會太過明顯，但實際訓練上卻會影響肌力與肌肉徵召的難易。如果接點位置較高，代表背闊肌對於肩關節的力矩較少，會讓引體向上或划船等動作背肌徵召參與度較低，容易使用手臂肌群代償。相對而言，如果肌腱在肱骨接點位置較低，肩關節力矩較大，背闊肌就會有比較好的感受度，下手臂肌群參與的比例就會降低。

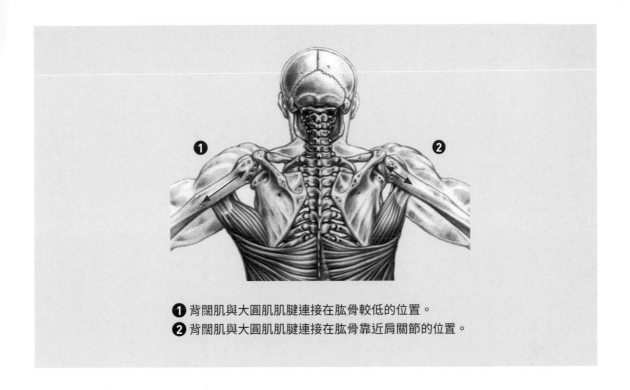

❶ 背闊肌與大圓肌肌腱連接在肱骨較低的位置。
❷ 背闊肌與大圓肌肌腱連接在肱骨靠近肩關節的位置。

由上圖可以看出肌腱在肱骨上的接點越遠，相對肌肉收縮的力臂越大，在執行引體向上或划船動作就會比較輕鬆。在硬舉動作中，雖然背肌主要是維持穩定收縮的肌群，但肌腱連接點較低的人在進行硬舉訓練時，背闊肌的感受度也會比較高；而對於肌腱連接點靠近肩關節的族群來說，除了手臂肌群的代償之外，斜方肌群也很容易參與背肌訓練動作，會造成背闊肌實際收縮的程度下降。在接下來介紹訓練動作的內容（從 p.124 開始），會說明如何應對這些肌群間收縮不平衡的問題。

能否判定不同訓練動作對於背部肌群的肌肉徵召情形？

由於背闊肌群、下斜方肌與大圓肌等肌肉，經常會因為感受度較低而難以充分的活化，所以有許多研究就針對不同的訓練動作，對背部肌群的肌肉徵召做出比對，期望能找出有效活化這些弱點肌群的動作模式。可惜多數的研究通常都忽略了下列幾個考量因素：

- 前臂的長度。
- 前臂旋前與旋後的活動度。
- 背闊肌肌腱與肱骨連結點位置。
- 肩胛骨本身的活動度。
- 肩部或手臂肌群的代償情形。

而且當上述這些因素同時出現交互影響時，就很容易影響背肌在運動中實際的肌肉徵召情形，這也是為什麼你比對過越多的研究反而越難做出統一的結論，不容易找到完全符合自身情況的研究結果。因此本書建議在實際訓練中，還是必須以運動員本身的結構條件與感受度作為主要參考依據。

手臂長短的差異

從健美的角度來說，較短的手臂相對容易凸顯出發達的背闊肌往外撐開填滿脇下空隙的效果，相對來說，如果手臂較長，看起來和軀幹之間的空隙就會比較明顯，背肌肌肉量在外觀上的效果就比較不明顯。

肩寬對背肌外觀的影響

和臂長的效果一樣，肩寬較窄的人相對容易凸顯出背肌的肌肉量，充分的肌肥大會讓背肌填滿腋下空隙甚至接近到三角肌群的寬度，所以在同樣的訓練進度下，會比較容易覺得背肌有所成長。

相反地對於肩膀較寬的人來說，要讓背肌成長到接近兩邊三角肌的寬度就非常困難，外觀上相對不容易凸顯出背肌的肌肉量。

但依照作者個人經驗，在實際的健美比賽中，肩寬不同的選手排排站開時，這樣的差距其實不會如想像中明顯，所以肩膀較寬的選手也不是完全的劣勢。

為何背肌在健美比賽中如此關鍵？

背部肌群由肩膀延伸到下背修長的肌腹，可以凸顯出腰部 V 字線條，這對一般人在穿衣服與修飾身形相當有幫助。但在健美比賽中對背肌的要求不僅於此，許多比賽中背肌往往是一個拉開分數的關鍵。背肌的線條表現往往被視為是區別真正專業與業餘的分水嶺，甚至許多專業健美選手的背肌都還只能算是相對優秀的業餘水平。

健美比賽的裁判要在一群選手中比較出誰的手臂肌群比較完美，需要相當好的經驗與眼光，尤其當選手層級越高就更加困難，因為肱二頭肌與三頭肌的肌肉形狀在個體間先天的結構差異較大，不容易給出真正完美的排名。

然而在背部肌群的表現評斷就相對容易很多，因為背部肌群結構複雜，很容易看出某部位的肌肉量不夠或線條不夠明顯，甚至於兩者都未能達到，因此讓裁判很容易藉由背肌的表現來做出判定。

生活中使用頻率越低的肌群，感受度也越低

當然不是人人都以健美比賽為目標，但即使是優秀的健美選手都有可能在背肌訓練上遇到困難，代表一定有什麼共通的問題需要解決。通常背闊肌、大圓肌與下斜方肌是背肌訓練中很難進步的區塊，而最主要的原因還是來自於肌肉感受度過低的影響，如果在訓練時都很難感覺到肌肉的收縮，那就更難達到肌肥大的目的。

舉例來說，在引體向上或划船等動作中，如果背肌收縮的感受度夠強烈，建議可以使用有中軸合併設計的機台（converging machine）來提高背肌的感受度，這種機台會有弧線集中的運動軌跡，更貼近肌肉完全收縮的動作模式（例如下拉的過程中同時合併往內的動作讓背闊肌完全收縮），比起原本自由重量與直線動作軌跡的多關節運動來說，這種設計方式可以幫助初學者更容易掌握肌肉完全收縮的感覺。

當然中軸合併設計的機台優勢如果配合單邊訓練就會更加顯著，雖然未必所有人的訓練環境都能有適合的運動設備，不過只要搭配可調式的滑輪與纜繩機，同樣可以複製出相同的弧線運動軌跡。

其中唯一需要留意的就是，比起一般自由重量訓練，滑輪啟動的負荷感受會較輕，會讓運動員容易覺得相對輕鬆，但多數的滑輪器材都會附上可以微調重量的鐵片環或配重，或者也可以使用較小的啞鈴直接放在滑輪連接的槓片上，只要確保能夠維持穩定安全訓練即可。

背肌訓練會遇到的運動傷害

背部肌群相關的拉傷或撕裂傷其實發生率並不算高，通常背闊肌遠端肱骨的接點會比近端腰部的接點更容易拉傷或撕裂，這些損傷不外乎是訓練量或負荷過高所導致，然而在背部訓練相對常見的反而是過程中雙手過頭動作所導致的肩關節間接損傷。

引體向上與棘上肌損傷

引體向上因為需要將雙手長時間高舉過頭，對於棘上肌是屬於高風險的訓練動作（見 p.51）。雙手過頭的動作會減少肩峰下的結構空間，增加棘上肌過度摩擦損傷的機會，許多需要大量類似動作的運動項目如體操或攀岩選手都是棘上肌損傷的常客。

雖然所有的引體向上形式都有棘上肌損傷的風險，但不同的握寬與抓握方式造成的風險高低不等，其中以寬握搭配前臂旋後抓握的方式（雙手小指相對）風險

最高，所以如果一定要進行引體向上訓練的話，建議採取適中握寬與前臂旋前的方式（雙手拇指相對）開始上拉（但不代表完全沒有風險）。

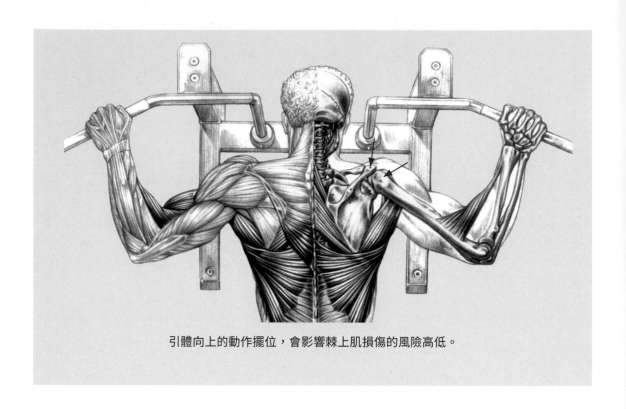

引體向上的動作擺位，會影響棘上肌損傷的風險高低。

從傷害預防的角度，划船運動會比引體向上更安全

如果將運動傷害風險高低也納入考量，划船系列的動作會比引體向上更具優勢，就如同前面反覆提醒的要點，運動過程中雙手舉得越高，對肩關節的壓力就越大。反之如果可以避免不必要的過頭動作，就可以讓肩峰下方有更多空間減少壓迫，因此同樣是常見的背肌訓練動作，划船訓練對肩關節的負擔就遠小

於引體向上。即使你本身沒有任何肩關節病痛，在編排處方時還是盡量在引體向上訓練之間穿插幾次以划船為主的背肌課表，讓肩關節有充分的休息與恢復。

但划船運動也並非完全沒有缺點，在動作離心伸直手臂的階段對於肱二頭肌的

負擔相對較高，如果採取前臂旋後、掌心向上的握法更容易增加拉傷風險。同樣地，划船運動對於下背穩定度也有相當程度的考驗，如果核心能力不足反而容易導致下背受傷。相對地，引體向上對於腰椎的負擔就較低反而有助於下背適度放鬆。

混合式動作的好處

另外一種訓練方式是結合引體向上與划船的動作元素訓練背肌，並避免掉肩關節的夾擠風險，常見的作法就是將軀幹後仰、雙手在胸前以水平的方向拉起身體，過程中保持胸廓肋骨伸展面向上方，有點類似反向的划船動作。這種混合式的背肌訓練動作可以減少肩關節負擔並涵蓋兩種訓練的動作元素，但在肌肉徵召的部分會從原本的背闊肌 / 大圓肌的組合，變成加入部分中斜方肌 / 菱形肌的動作組合。

雙側訓練 VS 單側訓練

滑輪下拉與引體向上

在引體向上或滑輪下拉的動作中，不論你用的是固定式機台或可調式滑輪，雖然都會有肩關節的過頭動作，但採取雙邊或單邊訓練的方式，肌肉的感受度會相當不同。雙手同時下拉的方式不論你兩手的間距為何，都會需要強迫兩邊的肩關節同時接近完全的屈曲，才會有伸展到背闊肌的感覺，對於肌腱連接點靠近肩膀的人，會需要更大幅度的肌

雙手在前水平引體向上的方式，可以避免肩關節處於容易夾擠的關節角度，保護棘上肌肌腱。

在進行背肌訓練時，千萬避免雙手完全打直。圖中示範的關節角度大約就是安全範圍的上限，超過這個活動範圍，將會提高肱二頭肌在兩端箭頭標示處的拉傷或撕裂風險。

肉伸展，但這種方式很顯然會增加肩關節夾擠的風險。相對來說，如果以單側訓練的方式，軀幹可以有較大的自由度做配合讓背闊肌的感受度提高，同時也比較有機會避開肩夾擠的關節角度。

但這裡還是要一再強調：進行背部訓練時，手臂千萬不要完全打直，以免造成二頭肌肌腱拉傷或撕裂的風險。此外也要注意手臂從離心到向心開始彎曲收縮的瞬間，避免用彈震的方式出力，雖然瞬間的爆發可能會讓動作比較容易啟動，但當下的衝擊力道會由二頭肌肌腱與肩關節的韌帶吸收，長期下來容易因為過度伸展造成肩關節不穩定。

而藉由單側訓練的好處除了可以減輕避免肩關節壓力，更可以讓手臂在不需要完全伸直的情況下有效感受到背闊肌群的伸展，只要將軀幹稍微轉向作用手的方向，就可以在離心階段有更完整的肌肉伸展，同時在收縮時將身體傾向作用手的方向，可提高肌肉收縮張力的感受度。

單側訓練的方式也可以讓整體動作活動度更加完整，提升肌肉刺激效果並避免危險的角度範圍。藉由上述骨盆與軀幹位置的調整，可以讓背闊肌得到完整的伸展收縮。對於背肌肌腱在肱骨附著點較高或肌肉感受度較低的人，相當建議從單側訓練開始熟悉掌握肌肉收縮的感覺。

在單側背部下拉動作中，收縮到底端時配合軀幹旋轉傾向收縮方向，可以增加肌肉張力的感受度。

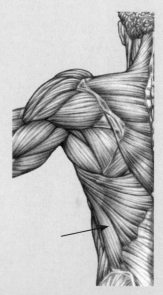

箭頭標示區塊的背闊肌肌腹需要將軀幹微微側彎，才會比較容易感受到收縮，而這樣的微調方式只有透過單側訓練才能達成。

而在進行單邊下拉動作時，如果軀幹旋轉傾向作用手的幅度越大，相對就越容易感受到背闊肌接近下方腰部的肌腹收縮，而這個區塊往往是背肌訓練很容易忽略的部分。但在雙側動作中因為軀幹必須保持在正中間無法旋轉，反而很難提高背闊肌下方肌腹的感受度，同時也影響了整體肌肉收縮延展的範圍以及肩關節傷害風險的提升。

划船運動

在划船訓練中，單邊與雙邊訓練的差異同樣存在，但比起下拉運動來說，單側與雙側兩種作法都各有優勢，而單雙側兩種訓練方式主要的差異在於背部肌群徵召比例的不同。

在雙側划船動作中，離心階段在中斜方肌以及菱形肌的伸展較為完整，可以有較高的感受度，但在背闊肌整體的動作範圍就不如單側訓練般完整。然而同樣地，在單側訓練時靠近背部中間的肌群感受度也會相對較低。

對於肩寬較窄的人，我們建議可以採取單側划船的方式來降低兩邊肩胛骨容易互相抵到的可能，同時也可以學習如何控制提高肩胛骨本身的穩定與活動度。

肩胛骨活動度較佳的人進行單邊划船更容易提高背闊肌下半部肌腹的感受度，如果再配上軀幹轉向作用手的方向，就更容易感受到肌肉的收縮。

比起單側動作，雙邊的划船更容易針對背部中間部分的肌群做強化。

訓練背肌最常見的問題：

『背部的肌肉線條是我全身最弱的一環，
即使搭配飲食控制還是會被脂肪覆蓋，到底該如何改善？』

首先要知道脂肪的堆積有區域性的分佈，我們在體重控制計畫中通常會以腹部的脂肪作為其中一項量測指標。但實際上，許多運動員囤積在背部與下背的脂肪甚至會多過腹部的脂肪，這時候反而應該以身上線條最不明顯的部位作為觀測指標，來判斷自己的增肌或飲食控制計畫是否有效。如果你的身材偏瘦卻只有在背部有脂肪囤積，那你可能得做好犧牲掉部分肌肉量的準備來消除掉最後這一些脂肪。但對於多數一般中等身材的人來說，如果只是要避免特定部位的脂肪囤積，搭配適當的飲食控制還是有可行的訓練方式。

當然對於運動員來說，相關的減脂計畫還是建議在非賽季的時候進行，首先你可以在背肌訓練日以外的訓練課表完成後，再額外搭配中等負荷的滑輪作 100 下反覆的背部拉舉動作，來避免背部脂肪的堆積。

如果要改善下斜方肌的線條與感受度，在進行背肌訓練動作時，可以試著將肩胛骨保持內收向下以刺激下斜方肌，但這樣的方式相對會減掉部分背闊肌的作

功。如果脂肪的堆積分佈在整個背部，還是建議讓肩胛骨與背闊肌有更大的活動範圍來增加運動量。但假設脂肪堆積集中在下背與臀部腿後區塊，訓練後則可用羅馬椅進行中等強度約 100 下反覆的背部伸展動作額外補強。

或許這和一般常見的認知有所抵觸，但透過特定訓練方式來達到局部減脂的效果其實在過去研究中有所證實，雖然每次訓練減脂效果有限，但只要維持長期規律的習慣持之以恆，在半年到一年內還是可以有相當程度的幫助，再配合飲食控制就可以達到背部減脂與線條雕塑的效果。

初學者如果在肩胛骨內收下壓的活動度控制較差，可以先搭配肩胛鎖骨的綁帶幫助，來提高划船訓練時背部中間肌群的感受度。

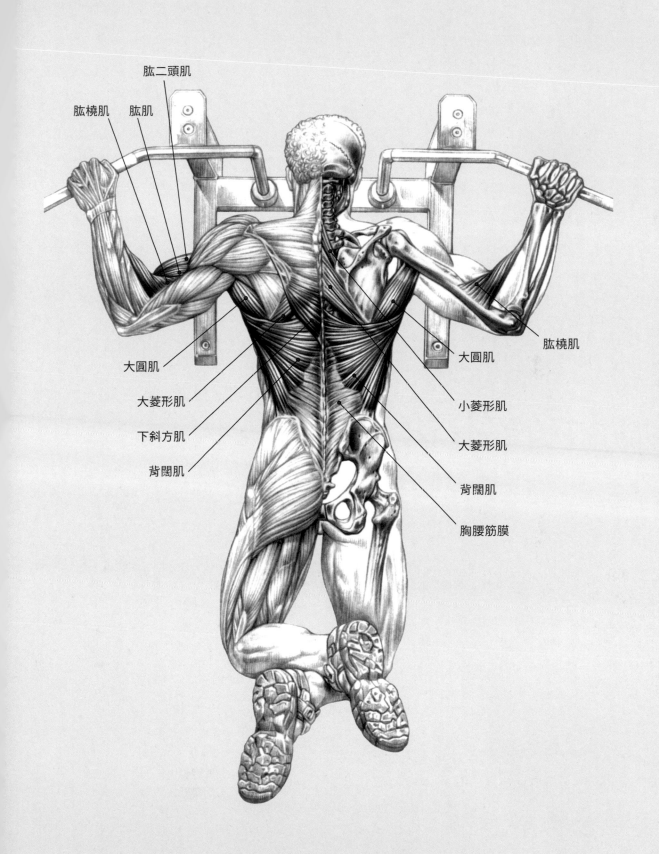

肱二頭肌

肱橈肌　　肱肌

肱橈肌

大圓肌

大圓肌

大菱形肌

小菱形肌

下斜方肌

大菱形肌

背闊肌

背闊肌

胸腰筋膜

槓鈴抓舉

動作特性

抓舉（snatch）是屬於全身性的多關節運動，基本上全身上下的各大肌群都會有一定程度的肌肉徵召刺激，因此雖然抓舉是編排在背肌訓練的章節，但實際上對於腿部與肩部的肌群也有很好的訓練效果。

訓練方式

抓舉可以由下列三種常見的肌力訓練動作去解構：

1 起始位置採取硬舉的準備動作，雙腳與肩同寬膝蓋微微向外，雙手前臂旋前掌心向後以寬握的間隔距離抓住槓鈴，往上拉的過程盡量讓槓鈴貼近身體。

2 當槓鈴往上拉到大腿中段時，進入所謂的二拉階段準備開始真正的抓舉動作，雙腳用力推蹬地面配合髖、膝、踝三關節爆發性伸展，軀幹順勢往後傾讓槓鈴往上超過肚臍的位置，接著透過肩部與手臂的力量維持槓鈴往上的慣性，同時身體準備往下鑽到槓鈴下方，最終目標是以下肢深蹲的動作緩衝接住槓鈴。

3 穩定接住負荷後，從深蹲的姿勢雙腳推蹬直立站起。

起始位置。　　　　　　二拉階段結束。　　　　　接槓位置，重心穩定後準備站起。

動作要訣

多數人為了能在起始位置抓住槓鈴，會讓肩胛骨過度放鬆前引讓手臂下垂，也有人會為了減少軀幹前傾的角度而選擇下背部分的過度伸展，這些調整方式雖然可能會讓動作更容易啟動，但比起打破重量紀錄，本書更要求實際肌肉訓練的品質，因此還真是建議保持兩側肩胛骨內收穩定並維持下背中立，以保護肩關節與腰椎。

補充說明

■ 抓舉強調的是各個階段動作協調的連結性，因此是屬於技術層面較高的訓練動作。

■ 因為抓舉動作是由全身各個不同的大肌群動作串連而成，因此每個人的身體結構差異很容易影響到動作的執行方式。由下到上的各個階段都需要相當程度的動作技術，很少有人的身體結構會完全符合舉重動作的力學形式。

舉例來說，許多舉重冠軍通常下肢的比例較短且多數有些許膝內翻（O 型腿）的情形，這樣的下肢結構可以減少膝關節向外的壓力，同時增加抓舉動作底部與頂端的穩定性。但多數人或其他項目的運動員未必有相同的骨骼結構。相反地，如果下肢先天屬於膝外翻的結構（X 型腿）進行抓舉動作的風險就相對較高，因為膝外翻會增加過程中膝關節轉向內側的機率使下半身穩定性降低，網路上有許多危險的抓舉影片都和下肢骨骼結構有關。

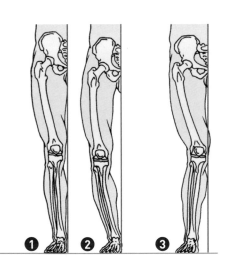

❶ 相對直立的膝關節（正常結構）。
❷ 舉重冠軍常見的膝內翻結構（O 型腿）。
❸ 膝外翻會降低動作穩定性（X 型腿）。

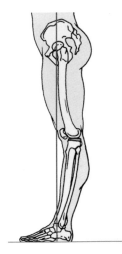

較常見於女性的膝關節過度伸展情形（膝反曲），屬於另一種相對不適合舉重的下肢結構。

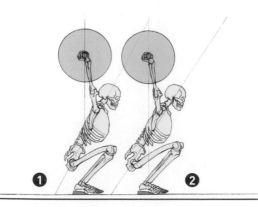

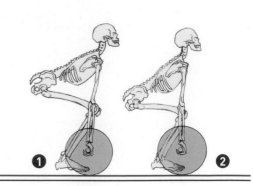

此外，如果股骨的比例越長 ❷ 在抓舉接槓時就需要更大的身體前傾角度，同時為了將槓鈴維持在身體正上方，雙手向後延伸的幅度也需要增加。相反地，如果股骨比例較短 ❶ 在接槓維持平衡時的姿勢就相對輕鬆。

臂長較長的人 ❶ 在起始位置會比手臂較短 ❷ 的人更加輕鬆，因為可以用較少的下蹲深度讓雙手抓到槓鈴，但在頂端接槓的動作臂長的長短就不會有太大的差別。

■ 髖關節在股骨頸的角度與骨盆連接的相對位置，也會影響骨盆穩定度與抓舉動作的表現（見 p.27 開始）。

變化動作

1 基本上可以依照不同的訓練需求將抓舉動作進行拆解，舉例來說以背部訓練為主的話，只需要將動作執行到槓鈴接近鎖骨的位置就可以停止，簡單來說就是以相對爆發性的方式執行硬舉與直立上拉的兩種動作組合，這樣就可以有足夠的背肌訓練效果。

2 如果想要針對以背闊肌和斜方肌的收縮為主，可以將槓鈴放在深蹲架的護槓上，從相對較高的位置開始上拉抓舉，就可以減少下背與下肢肌肉的負擔。

動作優勢

抓舉是可以在短時間內，訓練全身各大重要肌群協調與爆發性的動作。

缺點

抓舉過去曾經因為高風險與高技術的需求，讓許多運動領域為之卻步。但隨著近年來混合交叉式訓練（cross-fit）的流行，抓舉動作的訓練效益又開始受到重視。然而，抓舉動作受歡迎的普及程度並沒有和該有的動作品質成正比。

舉重選手在進行抓舉訓練時會以高強度低反覆次數的編排方式執行，因此對每一下的動作品質都非常要求，但多數人一開始往往會以輕負荷配合較高的反覆次數，很難確保每一下的動作都保持相同的專注度，反而增加了傷害風險。

因此我們建議在從事抓舉運動時，只要有任何一個環節開始感到無力或不穩定就該停止動作，讓肌肉有充分的休息恢復。

訓練風險

抓舉無可避免的就是要將負荷以雙手高舉過頭，因此對於肩關節的負擔無疑相當巨大，單純以風險 / 效益的評估而言，抓舉動作的高技術需求對多數人來說是有相對較高的風險存在。

基本上不應該因為某項動作的流行而忽略了實際存在的風險，實際上抓舉動作絕對不是可以輕鬆掌握的訓練技巧，就如同所有的專項抓舉的學習都需要循序漸進與充分的練習。

強調背闊肌的硬舉變化動作

動作特性

這是針對背部肌群的多關節訓練動作，以硬舉的動作為雛形作變化來提高背闊肌的感受度。

訓練方式

將滑輪固定在較低的位置，連接短拉桿或彎曲槓（EZ bar），雙手與肩同寬抓住拉桿身體往後退，試著調整腳步來找到適當的距離，如果靠得太近，會和傳統槓鈴硬舉的感覺相似；但距離過遠會讓手臂很難收回到身體兩側，基本上就是要保持可以完成硬舉動作又能提高背闊肌伸展收縮感受的適當範圍。

雙腳踩好距離、保持軀幹直立穩定後，身體慢慢前傾讓背部延展，雙腳彎曲來增加穩定度並開始用背肌與腿後臀部的力量將雙手拉回身體兩側。

和傳統硬舉拉起身體的感覺不同，盡量想像成是將雙手拉近軀幹，才能增加更多背肌的收縮。拉到極限時，兩側肩胛骨內收維持肌肉收縮至少 1 秒後再慢慢放下負荷。

配合低滑輪的起始位置，預備動作和硬舉相似，但必須增加更多背肌的感受度。

拉到極限時，兩邊肩胛骨內收，來增加整體背部肌群的肌肉收縮。

動作要訣

這項變化方式和傳統硬舉最大的不同在於雙手往前延伸的幅度較大，讓背闊肌可以在軀幹往上挺起的同時，將雙手拉回身體兩側。所以一開始，雙手往前的距離越遠，背闊肌需要收縮的範圍就越大，這種方式可以幫助背闊肌肌腱在肱骨附著點較高或硬舉訓練中背部不會出力的人，學習如何使用背闊肌群。因為傳統硬舉中，雙手幾乎都是貼在身體兩側，所以比較不容易有背肌出力的感覺，因此這項變化方式可以有效改善背闊肌群徵召的問題。

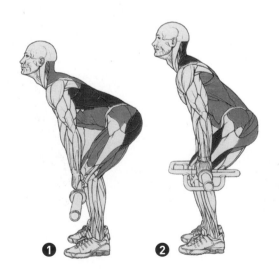

❶ 基本上槓鈴或負重的距離和身體越遠，背肌收縮的程度就越大。

❷ 反之，如果負重和身體接近在同一個平面上，背肌的感受度就會越低。

補充說明

■ 這項針對背闊肌的硬舉變化，最大的特點在於藉由手臂向前延展的方式，增加向心階段背闊肌的肌肉收縮。但並不代表可以無止盡的延長手臂向前的範圍，尤其在離心階段，你必須仔細感受並維持背闊肌群固定的張力，當你感覺張力開始降低，就表示力量的比例開始由背肌轉到臀部與腿後肌群，這就偏離了原本動作的訓練目的。當然如果你感覺到腿後與臀部的張力過大，可以稍微增加腿部彎曲角度來改善。

■ 雙手抓握和原本硬舉相同採取正握的方式，因為反握會增加二頭肌拉傷的風險，而且當握力不足時，拉桿很有可能會從手中滑脫。

■ 建議剛接觸這項訓練的人，將動作安排在正常背肌訓練結束後進行，可以藉由前面訓練讓背肌的神經肌肉連結先達到一定程度的活化後，再學習新的動作，就更容易提高背闊肌群的感受度。當你確定掌握了硬舉變化的動作技術後，再加入課表內一起訓練。

超級組訓練菜單

這項硬舉變化動作因為不需要太多手臂力量的參與，因此很適合作為超級組的訓練動作之一，可以搭配其他背肌動作編排，先期疲勞（或稱預先疲勞）或後期疲勞的方式作為超級組訓練。

變化動作

❶ 這項硬舉變化也可以搭配腰帶深蹲的機台進行。

❷ 如果想要增加更大的訓練負荷，可以直接使用水平腿部推蹬機台的配重槓片作為阻力。

❸ 現在有許多健身房也會配置硬舉專用的機台,只要腳步往後站、
讓手臂往前延展就可以增加背闊肌群伸展收縮的範圍。

❹ 也可以使用史密斯機台,讓腳踝距離槓鈴約
10-20 公分,模擬硬舉的變化動作。史密斯
機台的好處是可以將槓鈴固定在適合自己的
高度開始訓練。

往上站起的同時,運用背闊肌的力量將雙手拉回
身體兩側。

動作優勢

這項硬舉的變化動作優勢,在於可以幫
助運動員學習使用背部肌群帶動手臂動
作,對於過度依賴手臂肌群與背肌感受
度較低的人可以有效改善問題。

缺點

訓練時務必穿著有足夠止滑能力的運動
鞋,以免負荷過重將身體往前帶動而導
致滑倒受傷。

訓練風險

因為這項硬舉變化需要較大的身體前傾角度，會對下背產生較大的壓力，因此必須盡可能維持核心與下背穩定，必要時也建議穿著重訓腰帶保護腰椎。

背部反向伸展運動

動作特性

反向的背部伸展運動可以有效強化臀部、腿後肌與下背肌群，同時可以達到伸展與減輕下背與腰椎負擔的效果。

訓練方式

身體俯臥趴在機台上方，並將腳踝固定到力臂的護墊之間，讓雙腿自然垂向地面。運用下背與臀部、腿後肌群的力量將下半身盡可能抬高，保持肌肉收縮至少 1 秒鐘後放下重量回到起始位置，讓下背盡可能放鬆延展。

背部反向伸直至起始位置：讓雙腳盡可能往下，可以增加下背肌群與腰椎的延展。

將腳踝固定到機台力臂上的護墊之間。

過程中盡可能保持雙腳打直，讓下背與臀部肌群有穩定的肌肉張力。

動作要訣

■ 回到起始位置的時候，盡可能讓雙腳往下，才能延展到背側的肌群。雙腳的位置至少要低於胸口水平線以下（活動度許可的情況下可以繼續往下延展）。

■ 雖然本書前面有許多動作都建議採用單側訓練方式，理論上反向的背部伸展也可以拆成左右兩腳分開進行，但考量到骨盆與下背的穩定性，這裡還是建議採取雙側訓練的方式相對安全、有效。

變化動作

背部反向伸展的動作有下列幾種變化形式：

1 大重量的離心訓練方式：使用較高的負荷來增加離心階段重量對下背的延展性，進而減輕腰椎壓力，訓練負荷的大小必須要能超過向心收縮的力量，並維持在離心收縮可以承受不會受傷的範圍內，採用離心訓練前請務必充分暖身。

2 輕負荷大範圍的訓練方式：採用較輕的負荷，提供臀部與下背肌群適度的刺激，並盡可能以增加向心收縮階段的活動度為主要目標。

背部反向伸展通常可以用下列兩種方式固定腳踝：

1 腳綁帶：可以使用長度適中的腳綁帶連接腳踝和機台的配重力臂，這樣的方式可以讓踝關節保持自由的活動。

2 上下固定的護墊：多數機台的力臂都配有上下固定的滾筒狀護墊可以固定腳踝，但也因此會限制踝關節的活動度。不論是腳綁帶或固定的護墊都可以依照個人喜好與舒適感做選擇。腳綁帶在繃直的情況下，對下背肌群比較不會有力量中斷突然啟動的感覺，訓練過程相對較為穩定。

補充說明

在沒有專用機台的時候，可以使用傳統的背部伸展椅進行反向伸展訓練（下頁圖）。但因為沒有可以裝槓片的力臂，所以只能依靠下半身的體重進行訓練，

用腳綁帶固定腳踝的背部反向伸展。

但這樣的訓練負荷在離心階段的強度就相對不足，會讓下肢無法在離心階段儲存足夠的彈性位能，反而在向心階段抬起雙腳時會有力量中斷的感覺，但基本上可以將彈力帶固定在伸展椅和腳踝上來改善這個問題。

小技巧

■ 某些設計成可以調整傾斜角度的健身椅，也可以當作背部伸展的訓練椅。但如果你的訓練環境只有一般的水平健身椅，可以用較大的槓片或地墊將其中一側的椅腳墊高讓腳懸出椅墊之外，同樣可以進行反向的背部伸展訓練。

■ 除了原本的配重槓片，可以再加上一條低阻力的彈力帶來增加腿部向下延展的範圍，同時也可以增加離心階段的彈性位能讓動作更為連貫。

動作要訣

如果你主要的目的是想要幫助下背肌群以及腰椎的伸展，基本上可以不需要用到專用的反向伸展機台，只要有一般的伸展椅就可以執行。身體趴在伸展椅上讓下肢自然垂下與地面垂直保持懸空，維持在反向伸展的起始位置就可達到減輕腰椎壓力的效果。當然原本正常方向的背部伸展訓練的方式也能有類似的伸展效果，但多數人的下肢佔的重量比例較大，相對可以有比較足夠的延展力量。

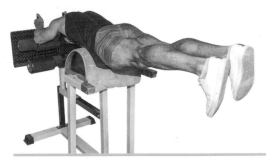

使用伸展椅進行背部反向伸展訓練。

動作優勢

背部反向伸展是少數以下半身作為主要活動肢段的背部訓練動作。多數的背部訓練方式（硬舉或原本的背部伸展訓練等等）都是以上半身為主要活動區段，下半身處於相對穩定或活動範圍較少的部分（最多可能只有膝關節的微調動作）。

缺點

目前市面上多數背部反向伸展的機台，設計上通常無法讓腿部完全延展到最低的活動範圍。

訓練風險

當然，反向的背部伸展訓練也並非完全沒有缺點，透過下肢的負重確實可以讓下背肌群變得更加強壯，離心階段也可以有不錯的延展效果，但如果訓練強度過大，還是有可能在向心階段增加腰椎的負擔，因此必須確保充足的暖身與休息恢復。

背槓聳肩運動

動作特性

背槓聳肩（Delavier's shrug）主要是刺激上斜方肌連接在肩胛棘部分的肌纖維伸展收縮，而傳統的聳肩運動主要強化的是靠近鎖骨部分的上斜方肌纖維。

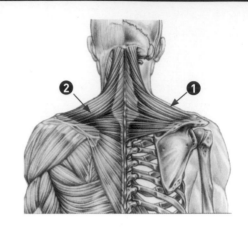

❶ 傳統聳肩運動針對的肌肉區塊。
❷ 背槓聳肩運動針對的肌肉區塊。

訓練方式

使用史密斯機台，並將槓鈴放在肩胛棘上端的位置，盡可能貼近上斜方肌的肌腹下端。接著利用聳肩動作的力量將槓鈴頂起，在頂端保持肩胛骨內收，維持肌肉收縮至少 1 秒再慢慢放鬆肌肉放下槓鈴。基本上放下的幅度大約在 10 公分左右就可以再次往上準備做下一次聳肩。完成一組訓練後，記得將槓鈴固定回史密斯機台上方再離開休息，訓練過程中雙手可以放在大腿上提高穩定性。

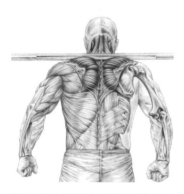

搭配史密斯機台做背槓聳肩運動。

起始位置盡可能讓肩胛骨放鬆到最低點。

在結束位置用保持收縮讓肩胛骨到最高點。

動作要訣

背槓聳肩運動的負重會直接施加在斜方肌上方，減少了傳統聳肩可能用手臂肌群代償的機會，可以更直接感受並學習如何控制肩胛骨活動度與上斜方肌肌肉收縮。

補充說明

在進行背槓聳肩運動最理想的情況，是有同伴或教練協助將槓鈴固定到適當的位置，以及結束時將槓鈴放回固定架上。同時過程中也可以幫你確保槓鈴不會滑落造成意外。

變化動作

如果訓練環境缺少史密斯機台或沒有教練或同伴，也可用下列兩種替代方式：

1 使用舉踵訓練機台，一樣將肩膀放在兩側的護墊下方做聳肩。

2 使用固定式的深蹲機台來進行聳肩運動。

下肢或舉踵的訓練機台也可以拿來作聳肩訓練。

動作優勢

■ 傳統的聳肩運動相對有可能拉扯到頸椎延伸的神經造成輕微頭痛，但背槓聳肩可以直接施壓在肌肉上減少頸椎的壓力。

■ 背槓聳肩可以更直接刺激肌肉收縮並增加上斜方肌的肌肉厚度，並且可以讓三角肌群向後集中，讓上背部的肌群看起來更有線條。

缺點

基本上聳肩運動比較難進行單側訓練，即使可以勉強辦到，還是建議採取原本雙側訓練的方式，讓肩胛骨可以向內側集中，同時也更為安全、有效。

訓練風險

即使背槓聳肩的負荷通常不會像傳統聳肩運動那麼大，但還是有可能對下背造成壓力，尤其當你稍微前傾身體增加斜方肌負荷的時候，風險就會增加。此外也要注意背槓時盡量讓槓鈴可以固定在上斜方肌的最下端，避免對頸椎造成任何壓迫。

瞭解你的胸部肌群

所有健美選手的肌肉型態都不盡相同，很難找到肌肉型態完全一樣的兩個個體，而不同肌肉型態的解剖特性，也會造成肌肉在訓練後有不同的適應情形，這種肌肉解剖構造的變異性在胸部肌群訓練中更值得注意。

雖然胸部肌群的肌肉量相對不大，但在肌肉形狀與訓練適應上卻有很大的個體差異。在實際訓練中要讓所有的胸部肌群協調地達到肌肥大的難度相當高，只

有少數運動員可以在特定動作下徵召到完整的胸大肌，但對多數選手來說，在運動過程只能用到特定區塊的胸大肌，甚至在每次動作中用到的區塊也未必相同。本處會接著解釋這個問題的原因，以及更重要的是對應的解決方法。

同時也別忘記在健美訓練中，胸大肌撕裂傷的風險並不低，是比肱二頭肌撕裂傷更常見的運動傷害，當然本節也會告訴你該如何做好防傷訓練。

造成胸部肌群發展失衡的原因

多數運動員的胸部肌群發展，會有外側緣比內側發達或者下胸比上胸強壯的情形，主要的原因是來自於肌肉在運動時只有特定區塊收縮，而沒有徵召到完整的胸部肌群。如果可以做到胸肌完整且均衡的收縮，就可避免胸肌鎖骨部（上胸）延遲肥大，也可以讓胸肌內外側得到均衡發展。

運動時，同一塊肌肉出現不同區塊與不同強度的收縮聽起來很弔詭，但許多研究已經透過觀察胸肌不同區塊肌纖維在運動時的肌肉徵召情形，來證實此現象確實存在 [1-3]。而神經肌肉徵召的差異，便會直

接影響胸肌在不同區塊的肌肥大程度不同，使得徵召程度較高的肌纖維得到相對較多的肌肥大適應 [2]。

區塊發展不均的現象在關節動作簡單的肌肉（如肱二頭肌）較為單純，但容易對多角度關節動作的肌群（如胸肌）造成顯著影響。實際上，胸大肌肌群是由許多不同層次的肌纖維組成，每個層次在肌力訓練時均有不同程度的收縮。而造成胸肌發展不均的情形有很多因素，例如：

- 神經因素
- 肌肥大因素
- 組織型態學因素

胸肌的解剖特性

神經支配：外科醫生頭痛的難題

許多肌肉（特別是胸部肌群）的運動神經支配，都遠比表面上看起來複雜許多。如同肌肉形狀在不同人之間有個體差異，在運動神經的支配與分佈也會有所不同，因此每個人在胸部肌群的神經肌肉徵召也不盡相同。所以外科醫師在執行手術時，就必須格外留意這些組織結構上的個體差異確實存在，才不會不小心切到該肌群的支配神經。

而主要支配胸部肌群的神經為：

- 內胸神經：主要支配下胸部分肌群的收縮。
- 外胸神經：主要支配上胸部分到整塊胸大肌肌群的收縮[4]。

當然，運動神經的大小與支配範圍、肌肉收縮的力量有關。胸部肌群會被許多由主要神經叢分支出來較小的神經所覆蓋。

因此，取決於你的神經支配範圍是以上胸部為主，或者是涵蓋整塊胸大肌。相同的胸部運動也會產生不同的效果，同時這也和其他分支神經的分佈結構有關[4]。透過一段時間規律的訓練，就可知道自己的胸部肌群的神經支配情形：對多數人來說，胸肌可能在某些區塊特別發達，而少數神經支配與分佈較為均衡者的胸肌在訓練後的發展則較為勻稱。

該如何針對內胸部分的肌肉進行訓練？

在某些運動員身上很難準確摸到胸骨，主要原因是這些運動員的胸肌左右兩側在胸骨的附著位置非常靠近，這樣的結構會增加肌肉的長度，有助於肌肉生長發展。而在實際案例中，確實左右兩側胸肌附著位置較近的人，通常胸肌發展與肌力也相對較佳。

然而，如果左右側胸肌在胸骨附著處的距離較遠，在內胸部分就會出現「凹陷」，而這個問題能否透過強化內胸部分的訓練來解決或改善呢？當然，確實透過肌肥大的訓練可以有所幫助，但純粹的肌肥大無法改變肌肉長度，你必須從肌肉長度著手來解決問題。

胸肌在胸骨端表層的附著接點依個體差通常會有六到七個分支，但要徹底了解內胸部分肌群的運作，同時也必須考量到肌肉深層部分的附著點[5]。

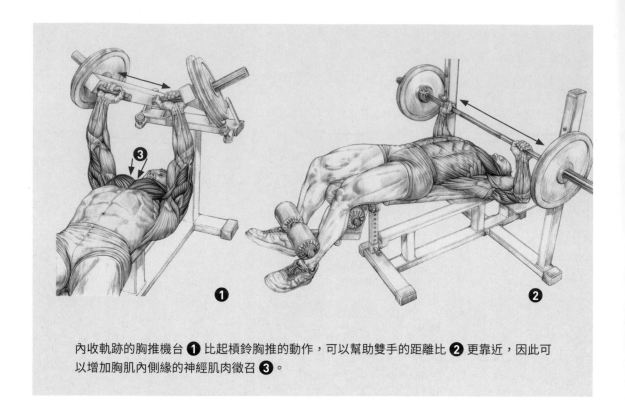

內收軌跡的胸推機台 ❶ 比起槓鈴胸推的動作，可以幫助雙手的距離比 ❷ 更靠近，因此可以增加胸肌內側緣的神經肌肉徵召 ❸。

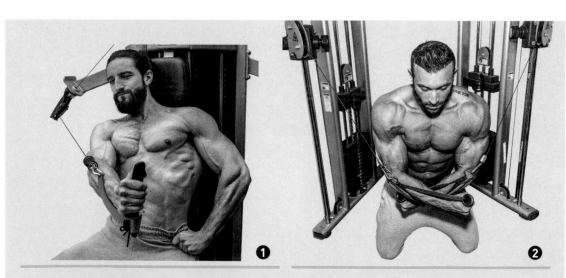

不管你做的是單側 ❶ 或雙側訓練動作 ❷，必須盡可能增加手臂在胸前內收交叉的活動範圍，來達到最大的肌肉收縮。

如何選擇適合的訓練器材

自由重量 VS 史密斯機台：哪種方式可以達到更好的肌肥大效果？

過去研究針對自由重量的槓鈴胸推與史密斯機台的胸推動作[6]，進行神經肌肉徵召的比較，發現整體來說自由重量的胸推動作可以有更高程度的肌肉徵召。

然而在胸肌部分，兩種方式的肌肉徵召程度卻是類似的。那這兩種胸推作法的差異又該如何解釋呢？透過肌電訊號的分析可以發現，自由重量的槓鈴胸推除了胸部肌群的參與之外，更額外增加了肩部肌群尤其是肩部外側肌群與部分前側的肌肉。

因此，如果你是一名追求訓練效率的專項運動選手，那自由重量會是很好的選擇，但對於健美選手則有不同的考量。

如果你的胸肌相對薄弱且容易透過肩部肌肉代償，那固定式的史密斯機台可能比較適合，透過自由重量來徵召更多肌群的這個作法就未必適用於健美式的訓練，一切取決於你的目標是單一肌群的補強，還是整體肌肉動作的發展與協調。

如何選擇臥推椅的寬度？

在任何胸部肌群的訓練動作中，臥推椅的寬度一直是個備受討論的議題，到底該要選擇：

- 較窄的臥推椅來增加胸部肌群的伸展與胸推活動度？
- 還是較寬的臥推椅來提高上半身穩定度？

以目前健身訓練市場的情況而言，較窄的臥推椅相對常見：不管是獨立的臥推椅或是固定式機台的椅背，寬度多落在 23-35 公分左右。

最主要的理由有兩個，首先臥推椅（尤其是固定式機台的座椅）要能盡可能符合多數人的身形，特別是較纖細的女性；其次則是較窄的臥推椅可以兼具造型與節省成本的優勢才會成為主流。

上述理由顯然都跟訓練本身無關！確實
較窄的臥推椅可以讓手肘往下延伸增加
活動範圍，特別是啞鈴系列的胸肌訓
練，較大的活動度可以讓胸肌有預先伸
展的效果，提高每下動作對於肌肉收縮
的感受度。然而值得留意的是，往往這
些有效的預伸展動作和造成胸大肌肌腱
附著處的微小撕裂只有一線之隔，尤其
當你執行大重量的訓練時，這些預伸展
的動作很有可能提高肌腱撕裂的風險，
而許多胸大肌的撕裂傷也是發生在肌力
負荷較高的動作中。

此外，當臥推椅的寬度越窄，在進行胸
推訓練時，椅子對肩帶和肱骨的支撐就
越少，即使有肩胛與核心肌群協助穩定
動作軌跡，在執行大重量的訓練還是會
對肩膀造成很大負擔。

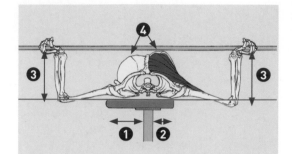

❶ 較寬的臥推椅可以增加肩部的支撐範圍。

❷ 較窄的臥推椅減少對肩關節活動度限制，
　但過多的活動度也會提高受傷風險。

❸ 在胸推動作中（包含平地臥推），前臂的長
　度會影響整體動作的活動度。較短的前臂
　會減少胸推的深度（圖左），而較長的前臂
　則會增加動作活動範圍，但同時也會提高
　受傷風險。

❹ 胸腔厚度也會影響胸推動作活動度（但不影
　響平地臥推）。上半身較單薄的人可以讓槓
　鈴有更大的移動距離進而增加胸推動作活
　動度（圖左），反之胸腔較厚的情況下便會
　減少動作活動度，在執行大重量胸推訓練
　時的受傷風險也較低。

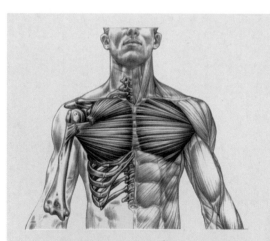

典型胸大肌肌腱撕裂傷最常見的機轉：胸推
動作在離心階段放下重量時，因肩關節過度
伸展所造成。

❶一般臥推椅的寬度。

❷可調式的臥推椅可以因應不同肩寬的運動員。

由此證實平地臥推的優勢

如果一般臥推椅的寬窄只是為了因應商業成本考量，那對運動員來說就沒有實質的訓練效益。而事實上如果考量到肩帶支撐與穩定效果，肩膀寬度越大的人使用相對較窄的臥推椅反而增加傷害風險。

因此為了避免胸大肌的撕裂與肩關節的勞損傷害，仰臥以地面為支撐的胸推訓練方式（也就是平地臥推）再次受到重視。

早在臥推椅發明之前，胸推訓練的動作本來就是直接躺在地上執行，雖然過程中可能會造成些微的不適感，但地面可以提供肩帶完整的支撐與穩定來預防上述的運動傷害。

同時由於在胸推的離心階段，地面會限制手肘進一步往下，縮小整個胸推的活動範圍並減少胸大肌肌腱撕裂的風險。

值得注意的是，採用平地臥推所減少的活動度多寡取決於你的前臂長度。許多擅長胸推的人通常前臂也相對較短，對這些人來說，完成每下胸推的動作範圍較少，也比較容易完成。如果改用平地臥推的方式訓練，對前臂短的人所減少的胸推距離大約在 2.5 公分上下，但對於前臂較長的運動員，改用平地臥推甚至可能減少接近一半的活動度。這種情況下，可以在背部墊上幾片軟墊來增加

身體高度去調整平地臥推的動作範圍大小（見 p.152）。

平地臥推的好處對鎖骨胸廓較寬的運動員會更有體會，因為整個肩部得到地面完整的支撐，更能專注在胸部肌群的收縮，同時避免肩關節超出安全的活動範圍。而實際上，只要你的肩膀越寬，胸推動作就越難維持穩定，在這種情況下整個肩胛骨往往會向前引讓肩部肌群參與更多胸推動作，這也是為什麼對於肩膀較寬的人在做胸推訓練時，常常會有依賴肩膀肌群代償的原因。

但相對來說，如果是肩膀較窄的運動員在進行胸推動作時，則需要注意保持肩胛骨內收下壓。當肩膀向後維持穩定，便可以減少胸推動作時肩部前側肌群的參與，這種情形下使用較窄的臥推椅就可以達到訓練效果。

然而一般較窄的臥推椅對身材較魁梧的運動員來說，不只減少胸部肌群部分的參與，同時也會提高肩關節、肱二頭肌與胸部肌群的傷害風險。有些器材廠商會特別設計椅背較寬的臥推椅，但市面上並不常見，在成本考量下如果要改良窄臥推椅只需要在椅子上方疊上三到五塊健身軟墊，可以增加左右兩邊大約 5 公分的寬度，讓整張臥推椅增加約 10 公分寬度，讓胸推動作更穩定。

搭配肩鎖固定帶來提高胸肌感受度

肩膀越寬的人要做到保持肩胛骨內收，使三角肌群往後避免代償的難度就越高。上半身一旦在肋骨過於放鬆且肩胛骨彼此分開的情況下執行胸推動作時，便很容易使用到肩部肌群的力量。

但從人體肌動學的角度來說，即使肩部相關的穩定小肌群訓練得再強壯，也很難百分百限制住肩胛骨在胸廓上面的滑動，因此要做到完全沒有代償的胸推動作，你可能會需要一點輔助器材。

肩鎖固定帶（bowtie band，或八字彈力帶）是一種具有彈性與約束功能的輔具，可以輔助肩胛骨更加往後往內維持穩定，能夠彌補肩寬大的人在內收肩胛上先天不利的骨骼結構，透過肩鎖固定帶的輔助來增加胸肌在胸推動作中的肌肉徵召程度。

然而值得注意的是在肩胛骨完全鎖死的情況下運動，同時也會提高肩關節夾擠的風險，因此在實際訓練時必須穿插原本正常的胸推動作，搭配一部分肩鎖固定帶的胸推動作來做交替，避免肩關節過度磨損受傷。

如果感覺固定強度不夠，可以增加肩鎖固定帶的數量。

使用固定帶除了能增加胸肌徵召程度，同時也限制了胸肌部分的血液循環，這代表你可以同時藉由固定帶得到一個意料之外的好處：「血流阻斷訓練」（見第2篇介紹）。當然這種作法在一般訓練中並不常見，當你在完成每一組胸推動作後立刻解開固定帶，此時的血液回流感覺相對溫和且不連續，一旦你拉長每一組動作的完成時間，血流阻斷的感受就會更加明顯，這種效果對於傷後復健時的輕負荷訓練特別有幫助。

如果沒有現成的肩鎖固定帶，也可以使用磅數較高（原本用來訓練下肢）的環形彈力帶來代替，只需要把彈力帶轉成8字形即可使用，如果覺得固定強度不夠可以再增加一條環形彈力帶。

重訓腰帶對胸肌訓練的幫助

重訓腰帶通常用在執行深蹲與硬舉時減少腰椎負擔，一般人可能會覺得除了斜板臥推之外，腰帶對一般胸推訓練的幫助不大，但實際上重訓腰帶在幫助維持腹內壓的同時，也間接提高肋骨胸廓的穩定度，進而增加部分胸部肌群的肌肉徵召。即使這樣的幫助相對較少，但經過長期訓練累積的效果同樣不容小覷，所以不妨在胸推訓練的時候試著配戴重訓腰帶來提高胸肌感受度。

胸肌訓練：坐姿胸推 VS 仰臥胸推誰更有效？

研究發現無論是上肢或下肢肌力在坐姿低頭的情況下，會比正常抬頭的姿勢下降 25-48 個百分比的力量[7-9]，這也說明肌肉在接收神經訊號的效率會受到身體姿勢擺位的影響[10]。因此，即便仰躺的動作本身並不困難，但對於某些運動員而言，一旦在仰臥的狀態下就會感覺很難使出全力，而這個現象就會影響到仰臥胸推的訓練。

當然不是每個人都會覺得躺在臥推椅上很難出力，但對於某些感受度較高的運動員確實是個問題，這時候搭配一些坐姿訓練的機台就是個理想的替代方案，而且相對於仰躺的臥推椅來說，坐姿的胸推機台更容易借助雙腳踩地來提高穩定度以幫助胸肌發力。

除此之外，仰臥姿勢會因為重力的關係減少部分胸腔的空間[11]。試著比較在坐姿與仰臥的狀態下做深呼吸，你會發現躺在臥推椅上呼吸會更加費力，這樣的差異也說明了為何部分運動員會有仰臥胸推比坐姿胸推還難出力的感受。

如果在執行胸推動作時一直都很難保持肩胛骨內收穩定，建議可採用坐姿胸推的方式取代仰臥胸推。通常當背部靠在臥推椅時會迫使肩胛骨向兩側滑開，但是在坐姿的情況下，重力會幫助肩胛骨下壓穩定，所以相對來說使用坐姿胸推的機台更容易維持正確的發力姿勢。

坐姿胸推機台比起使用臥推椅做槓鈴或啞鈴胸推，更容易提高胸大肌的感受度，而且坐姿胸推機台相對於臥推訓練，也比較不會有之前提過肩部前側肌群參與代償的問題，對於容易用肩膀代償胸推動作的人來說，就可以考慮使用坐姿胸推機台來改善問題。

同一組的胸推動作好像會越做越重？

以最常見的槓鈴臥推為例，每一組的第一下動作通常都可以不太費力的完成，但之後的每一下卻又感覺槓鈴的重量逐漸上升，到了最後一下往往就會非常吃力，不過很顯然你從頭到尾舉的槓鈴並沒有變重，那是什麼原因造成你的大腦產生這種錯覺呢？

隨著你所舉起的每一下，肌肉的疲勞開始累積，這時候位於肩關節與肘關節的韌帶被迫開始分攤部分的重量，韌帶本身有許多的張力受器會不斷偵測關節受到的張力，一旦這些受器承受到一定程度的壓力，便會向大腦發出求救訊號誤導大腦產生重量變重的感覺。從關節韌帶的角度來說，這是一種身體的保護機制避免過度的負荷造成傷害。

搭配胸推機台進行單側訓練

有些人在剛開始的幾次胸肌訓練就有很高的感受度，但他們絕對屬於少數，尤其在上胸部分的肌肉訓練上毫無疑問是屬於最難感受的肌群之一，而最能解決這種神經肌肉徵召問題的方法之一就是採取單側訓練。

對於大腦來說，單獨控制一隻手臂相對雙手更能提高專注度。在一般雙側訓練中，左右大腦必須互相協調運作，因此提高了肌肉控制的複雜度。這個道理有點像是要你雙手同時寫字一樣，顯然你的大腦更能專注於單手書寫的方式，即便是一個會用左手寫字的右撇子，也很難同時控制兩手的肌肉寫字。

對於大腦來說，需要執行的任務越複雜就需要越高的專注力以避免分心。肌肉

收縮也是同樣的道理，透過單邊動作可以讓大腦更專注於完成正確的動作。另外，單邊的胸推動作同時也會提高該側肩胛的穩定性，並使肩膀處於正確的發力位置，如此一來便可提高該側胸大肌的神經肌肉徵召並減少肩膀代償。對於容易感覺到肩膀出力大過胸肌的運動員來說，單邊訓練是很好的改善方式。

但如果你想要做胸肌單邊訓練卻沒有胸推機台或纜繩機，可以用啞鈴做為替代工具。

只要記得從輕重量開始訓練，搭配平地臥推的方式做單邊胸推來降低難度（見p.152 起），因為單邊的胸推動作容易導致身體失衡，所以必須先讓軀幹與核心習慣單側動作的感覺，並且避免在一開始就使用大重量訓練以免增加核心穩定的難度。

循序漸進

如果你已經以雙側動作的方式訓練了五年甚至十年，那麼剛開始轉換到單側訓練一定會覺得很不習慣，甚至會感覺很彆扭或者呼吸不順暢，原因是在於你的神經系統已經習慣多年來雙側發力的運作方式，必須經歷一段緩衝時間來調整適應。要注意！不要在一開始就把雙側訓練重量的一半拿來訓練單側，就如同學習新動作一般必須以循序漸進的方式從較輕的負荷開始增加，讓身體在增加重量的過程中重新學習雙腳的站姿，以及另一隻空手的位置來達到整體動作的平衡，切記在你熟悉整個單側動作之前不要突然增加太多重量。

單側訓練最重要的目的是在提高某些特定肌群的感受度，在經過一段時間訓練建立足夠的神經肌肉連結之後，便可嘗試增加重量來提高訓練適應的效果。

改變身體重心來提升單側動作表現

身體在一般雙側訓練中，會自然維持在整個機台中間或者讓背部左右兩側平均靠在椅背上。然而這種作法未必完全是個好習慣。當然把身體重心放在中間，可以同時增加兩側肢體在離心伸展階段的活動度，但正如同前文提到，過多的活動度有可能提高胸大肌以及二頭肌長頭肌腱甚至整個肩關節運動的傷害風險，所以一昧追求動作活動度也有可能造成反效果，尤其在執行單側訓練時更需要特別注意以下幾點：

1 單側仰臥胸推來說右側胸推時把軀幹靠向臥推椅左側，換成左手胸推時則把軀幹靠向椅墊右側，這樣的身體擺位可提高單手胸推時該側的肩胛穩定度。

剛開始練習這種方式的時候，可能會因為動作活動範圍受限的關係感到有點彆扭，但對於某些身材魁梧的運動員來說，這種調整方法有助於保護肩關節。

2 如果你是透過坐姿胸推機台來做單側訓練，也可藉由把軀幹轉向動作手的方向來提高感受度。例如右手胸推時把膝蓋向右轉 30-45 度，讓身體面對右側斜

角後再開始胸推。對於老舊的胸推機台來說，因為機台的動作軌跡接近直線，透過調整身體面對的方向，便可增加單邊胸推時胸肌內側緣的收縮程度。如果你使用的機台設計是胸推合併部分水平內收的弧線軌跡時，同樣也可以透過身體面向的調整來增加單邊胸推的動作範圍，進而提高胸肌內緣的感受度。

要能完全發揮單側訓練的效果 ❷ 和 ❸，身體的面向就必須和雙側訓練有所不同 ❶。

這種改良合併肩關節內收的胸推動作，可以增加整體胸肌的活動範圍，特別是在向心階段。同時結合向前與向內的胸推軌跡，進而讓胸肌額外增加約三分之一的肌肉收縮，而且能夠大幅提高胸大肌內側緣的訓練強度（傳統直線的胸推方式缺少雙手向內合併的動作，無法提供胸肌內側肌纖維足夠的刺激）。

在右手單側胸推時把身體轉向右邊，藉由軀幹的擺位來增加右手肩關節水平內

收的幅度，讓手臂更加向前向內移動，能增加整體胸大肌的收縮程度，也能減少離心階段時過多的伸展。然而這種方式會增加下背負擔嗎？其實並不會，只要注意在改變身體面向的時候讓膝蓋與雙腳一起轉向，而不是留在向前的位置，就可以避免脊柱過度扭轉。訓練過程也必須從輕重量開始漸進適應，並藉由適合的訓練機台來達到單側訓練最大的效果。

獨立強化上胸肌群的聳肩運動
（岡底爾式聳肩 GUNDILL'S SHRUG）

動作特性

此訓練動作是透過特定角度的關節運動，來誘發上胸肌群的收縮。當你面對鏡子做聳肩動作時，可以觀察到上胸部分的肌肉收縮，因此藉由調整聳肩動作的角度與方向來增加上胸部肌肉的運用，並減少上斜方肌的參與來達到上胸訓練的效果。

訓練方式

最好的訓練方式是使用仰臥胸推或斜板胸推的訓練機台作輔助。站在機台前方，身體傾向前方抓住其中一支胸推握把，然後身體往後移動並保持手臂伸直，讓機台的重量自然把手臂往下帶。試著調整肩膀的角度讓上胸肌群感受到最大程度的伸展，這就是最佳的起始位置。

只要上胸肌群伸展的越多，就越能提高之後每下收縮的感受度，這也是許多人在上胸肌群訓練的癥結點。一旦你選擇的動作不能完整伸展該肌肉，就會影響每下收縮時的肌肉徵召與感受度，因此第一步必須先調整身體與機台的距離，搭配身體面向與身體前後傾斜角度讓上胸肌肉完整伸展。

當整隻手臂確實承載到重量，便可以試著收縮上胸肌群來拉起負荷，除了帶動整隻手臂往上移動，同時也必須藉由三角肌群協助讓肱骨由外側轉向胸骨，整個上胸訓練的動作範圍約為 10 公分左右，在最頂端的位置保持上胸肌群收縮數秒後再放下手臂。

以坐姿胸推機台輔助做好預備動作。

在最高點維持 1-2 秒的肌肉收縮。

動作要訣

■ 這個動作本身並不難掌握，我們建議可以以單側訓練的方式執行，來提高該側肌肉收縮的感受度。此外空出來的那隻手也可以配合碰觸上胸部分的肌肉，提高神經肌肉連結確保能使用到正確的肌群。

■ 剛開始如果無法完全感受到上胸肌群的收縮也別太過失望，在經過一段規律的訓練時間之後，便會開始感受到斜方肌的代償減少，同時上胸肌群的感受度開始提升。

補充說明

岡底爾式聳肩的動作，相對來說是屬於幫助提高上胸部肌群神經肌肉徵召的一種前置訓練，剛開始如果你沒辦法很明確感受到上胸肌肉的收縮，建議可以採用每組 20-30 下高反覆次數與高組數的方式（肌肉燃燒訓練），會比單純透過神經感受回饋還更有學習效果。

變化動作

1 在沒有胸推機台的情況下，也可以藉由彈力帶來提供阻力。將彈力帶固定在身體前方或側邊的地板上，調整適合的角度讓上胸肌群可以完整收縮。而使用彈力帶最大的好處在於可以增加手腕旋轉的自由度。剛開始拇指面向外側保持旋後的伸展位，隨著聳肩動作的過程，拇指轉向大腿側讓前臂旋前，讓肌肉達到完整收縮，因此手臂在整個動作過程中會做出 180 度的旋轉。

彈力帶輔助的岡底爾式聳肩的預備動作。

結束位置：透過整隻手臂的旋前動作，來增加上胸部肌群的收縮張力。

2 如果你使用彈力帶也很難掌握這個動作時，試著空手讓手臂垂在身體側邊，

收縮上胸肌群同時轉動你的前臂，去感受上胸肌群用力的方式。

去掉額外負重來執行岡底爾式聳肩的預備動作。

在最高點結束位置保持肌肉收縮數秒鐘。

動作優勢

岡底爾式聳肩是少數可以完美獨立出胸大肌鎖骨部肌群做強化的訓練動作，同時可以減少許多來自肱二頭肌與前三角肌的代償。

缺點

這個訓練動作很難搭配啞鈴或低纜繩機台做輔助，因為這些器材很難提供上胸部肌群收縮所需要的動作軌跡。

訓練風險

如果身體向前傾的角度較大，就必須注意避免下背彎曲來保護脊柱。

平地臥推

動作特性

平地臥推 (floor press) 訓練動作涵蓋的作用肌群和一般臥推動作相同，但可以減少胸部和肩部肌群過多的伸展，並且同時增加肱三頭肌的神經肌肉徵召。近年來，平地臥推解決許多舉重與健力選手在一般臥推遇到的問題，開始成為許多訓練課表中常見的訓練動作。

訓練方式

在深蹲架的底部鋪上健身軟墊，並將架上兩側的保護槓降低到適合自己胸推的高度，通常只要能在下降時讓手肘觸地即可。接下來就如同一般的臥推動作，將手臂伸直推起重量再放下，反覆數次完成動作。

平躺在深蹲架中做平地臥推的預備動作。

在胸推最高點維持肌肉收縮至少 1 秒再放下負荷。

動作要訣

因為平地臥推減少了整個胸推動作的活動範圍，相對來說可以舉起更重的負荷，但對於剛開始採用平地臥推的新手來說，還是建議使用跟原本臥推相近的重量。雖然感覺會比一般臥推輕鬆，但對於初學者而言剛好可以藉此熟悉平地臥推的動作，在完全掌握動作之後再試著增加負荷。

補充說明

注意不要混淆平地臥推與部分胸推（partial press）的效果，雖然兩種訓練的動作範圍相近，但平地臥推最大的優勢在於可以提高整個肩胛骨與盂肱關節完整的支撐與保護，而一般臥推椅的寬度則無法達到這樣的支撐效果。

變化動作

1 史密斯機台本身很適合用來訓練平地臥推，但某些機台的設計無法讓槓鈴下降到適當的位置，需要配合健身軟墊來調整身體位置。

2 透過雙腳撐起下半身讓軀幹與地面形成橋式，便可模擬平地的下斜板臥推動作（decline press）。這個動作乍看似乎會對下背產生很大壓力，但由於主要的重量會重新分配到上背與肩膀位置，下半身的負荷其實沒有想像中大，但如果你有感受到任何下背的不適，則建議使用重訓腰帶或者改用其他的替代動作。

比起一般傳統的斜板臥推來說，搭配史密斯機台的平地下斜板臥推可以提供肩膀更完整的支撐與保護。

配合史密斯機台做平地斜板臥推的預備動作，圖中的示範者未使用重訓腰帶，但對於初學者，本書還是建議配戴重訓腰帶增加核心穩定度。

3 除了槓鈴之外，越來越多人也開始使用啞鈴來做平地臥推訓練，配合啞鈴的優點在於可以強化單邊訓練，同時提供更佳的穩定度。

4 改用窄握的方式做平地臥推，可以強化胸推最後內夾的階段，同時增加肱三頭肌的參與。

配合啞鈴做單邊平地臥推的預備動作。

在最高點時盡量將啞鈴推向身體中線，讓胸大肌內側緣的肌纖維完整收縮。

動作優勢

■ 平地臥推可以提供肩胛帶完整的支撐，對於肩寬較大的運動員特別有幫助。

■ 減少胸推的動作範圍，可以降低肩關節損傷以及胸肌拉傷的風險。

缺點

■ 平地臥推的動作範圍容易受到前臂長度的影響會有個體差異，可以在背後墊上健身軟墊調整身體的高度，增加手肘向下延伸觸地的範圍。

■ 平地臥推無法配合上斜板的方式做變化。

訓練風險

注意！在離心階段放下槓鈴時做減速以避免手肘撞擊地面，由於平地臥推降低了胸推的動作範圍，減低胸肌與肩關節的受傷風險，相對可以舉起比傳統臥推更大的重量，但這時候手腕就必須承受較大的壓力，對於初學者來說配合使用護腕來做平地臥推可以降低受傷風險。

強化肱二頭肌、肱三頭肌以及前臂肌群

通常在多年的重量訓練之後，你會發現前臂肌群的發展進度相當弔詭，雖然在訓練過程中會相當頻繁使用前臂肌群，

但由於前臂先天解剖結構上的組成很難透過大重量的負荷進行訓練，所以在前臂肌群上的進步往往不如預期。

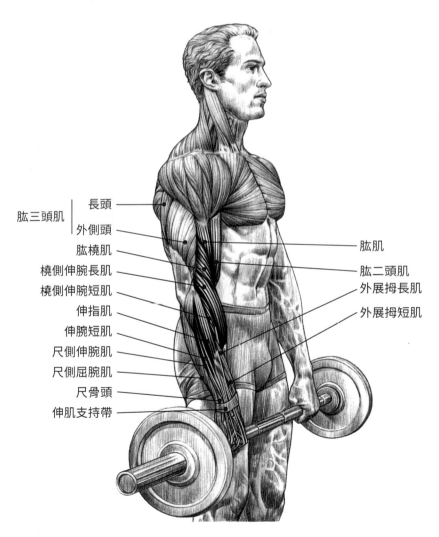

肱三頭肌 ┤ 長頭
外側頭
肱橈肌
橈側伸腕長肌
橈側伸腕短肌
伸指肌
伸腕短肌
尺側伸腕肌
尺側屈腕肌
尺骨頭
伸肌支持帶

肱肌
肱二頭肌
外展拇長肌
外展拇短肌

前臂是由眾多小肌群組成的精細結構，但這樣的組成容易造成
許多病理問題，而影響上臂二頭肌等較大肌群的訓練。

訓練二頭肌常見的問題：

『前臂痠痛的情況下還可以訓練肱二頭肌嗎？』

以下有幾種方式能在前臂有痠痛或受傷的情況下，仍可繼續訓練上臂肌群。

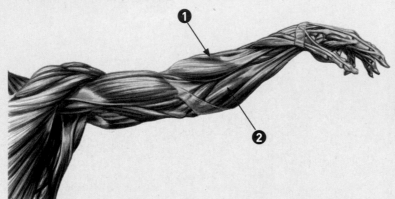

前臂最容易感到疼痛的
兩個位置：

❶ 網球肘（肱骨外上髁）。
❷ 高爾夫球肘（肱骨內上髁）。
當然手腕也可能是疼痛的好發
位置，但通常疼痛的機轉比較
有可能來自神經與關節的問題。

以下有兩種常見情境：

1 用啞鈴做肱二頭肌彎舉時感到前臂疼痛，但同樣的動作用纜繩機或其他機台則不會疼痛。

➜ 停止使用啞鈴直到疼痛改善。

2 即使使用纜繩機或其他機台還是會感到前臂不適。

➜ 在這種情況下，必須要把承受負重的位置從手掌改到手腕處。要達到這個方式可以藉由一些輔具例如握力帶、手腕綁帶或者放風箏用的手把帶。剛開始可以採用低負荷、高反覆次數的方式，來試著學習在前臂放鬆的狀態下做肱二頭肌彎舉，因為承重位置在手腕上前臂肌群便不需要出力，當習慣單獨收縮肱二頭肌的方式後再開始增加重量。

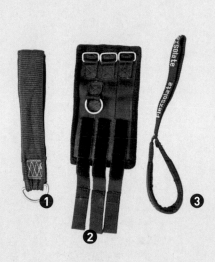

❶ 風箏手把帶，❷ 手腕綁帶，❸ 握力帶。
藉由上述輔具改變承重位置，減少前臂肌群在訓
練時的負擔進而降低疼痛。

收縮時調整手腕的位置，會幫助你提高肱二頭肌
的感受度。

上述的兩種情況也都可以透過血流阻斷
的方式，使用較低的負荷做訓練。

此外肌肉電刺激的訓練方式，也可以在
不需要收縮前臂肌群的狀況下刺激肱二

頭肌，同時電刺激的方式對於減緩患處
疼痛也很有幫助，只要將電極貼在痛點
上，並搭配較緩和的電流週期減低疼痛
或促進患處血液循環。

『有些人可以練出很發達的肱肌，到底是如何辦到的？』

肱肌的解剖結構雖然相對較簡單，但你可能會好奇為何有些人可以在訓練中明確感受到肱肌的收縮。除了每個人天生肌肉長度的不同之外，主要影響感受度的原因還是來自神經支配的差異。解剖研究中發現，肱肌的收縮主要是由三種不同的神經支配，但在實際情況下並非所有人的解剖構造都完全相同。統計中發現約有：

- 25% 的人的肱肌收縮是由單一神經支配。
- 70% 的人的肱肌收縮是由兩條神經支配。
- 5% 的人的肱肌收縮是由三條神經支配。[1]

可想而知，對於有先天生理構造三條神經支配肱肌收縮的人來說：

- 更容易提高肱肌感受度。
- 在不考慮手掌擺位的情況下屈曲手臂時，更容易徵召到相關肌群。
- 可以更完整的收縮肱肌。
- 當然相對在肱肌的肌肥大會有更好的效果，對於肌肉長度較長的人來說效果更明顯。

對於只有單一神經支配肱肌的人來說，就必須要付出更多的訓練才能達到足夠的肌肥大效果，這裏建議可以額外加入更多獨立強化肱肌的訓練動作去做補強。

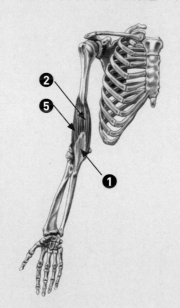
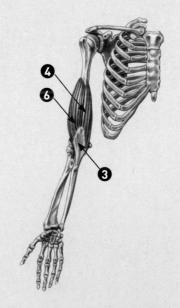

肱肌先天的肌肉長度也會影響訓練後的肌肉發展進度，可能會因為肌腱本身長度較長 ❶ 或者起始點附著在肱骨較低的位置 ❷，導致肱肌的長度較短。當然如果肌腱本身的比例較短 ❸ 或者起始點附著的位置較高 ❹，自然就會增加肱肌的長度。另外如果起始點附著的位置偏向肱骨內側，從外觀上看來就相對不明顯 ❺。反之如果肱肌的附著點位於外側，則較容易在外觀上觀察到肌肉的線條 ❻。

『在做單臂立拳的二頭肌彎舉（one-arm hammer curls）時，
有些人會將啞鈴直接舉向前方，有些人則習慣沿著身體舉向對側，
到底差別在哪裡呢？』

從骨骼肌肉的解剖觀點來說，通常前臂旋前角度較大的人（hyperpronators）在做單臂立拳二頭肌彎舉的動作時，因為拳眼自然向內轉，會比較傾向將啞鈴沿著身體舉向另外一側，而對於前臂相對較長的人在做二頭肌彎舉時，也比較容易會類似的習慣。

但如果你是前臂旋後角度較大的人（hypersupinators）或者是前臂相對較短的人，在做二頭肌彎舉則通常會傾向將啞鈴直接往前舉起，我們建議讀者在訓練時可以試著找出最符合自己身體結構的方式，不需要刻意去勉強改變動作的角度。如果目的是為了增加上肢整體的肌肉徵召，也可以試著搭配其他二頭

肌訓練的變化動作來輪替，例如可以搭配反向二頭肌彎舉（reverse curl）交替訓練來增加肌肉刺激，盡量不要去刻意執行不適合自身骨骼肌肉解剖構造的訓練動作，尤其在做大重量訓練時更要謹慎。

立拳的二頭肌彎舉是強化肱肌的最佳動作之一，但我們要如何選擇適合的執行方式來配合先天不同的解剖構造呢？

通常前臂長度越長，在做二頭肌彎舉時越有可能習慣將啞鈴舉向身體的另一側，
反之對於前臂較短的人來說則會習慣將啞鈴直接舉向前方。

肱三頭肌的訓練罩門：

> 『我想特別強化肱三頭肌的外側頭部分，但因為這條肌肉相對較短，總是很難完全掌握肌肉的收縮，感覺要單獨訓練外側頭似乎不太可能。』

這種有關特定肌肉徵召的問題雖然常見，但是很難透過一般的重量訓練去改善，即使過去研究也有發現某些特定訓練動作對外側頭的收縮刺激較大，但也很難在短時間內提高對於外側頭肌肉的感受度。

在本書前後的內容中其實都有解釋過，要特定獨立出某條肌肉訓練動作在實際應用上的限制，特別是如果該肌肉結構包含多個附著點的分支，要針對其中一束肌群做強化的難度就更高。

但拜科技所賜，要解決肱三頭肌外側頭感受度較低的問題已經有方法了，那就是神經肌肉電刺激（EMS），其優勢在於藉由肌電訊號的刺激，準確獨立出目標肌群做收縮訓練，可以幫助你快速感受到外側頭肌肉的存在，對於一些長時間沒有完全控制的肌肉，可以達到相當顯著的喚醒效果。

首先，先將兩個電極貼片放置在肱三頭肌外側頭的位置，盡可能上下分開涵蓋住肌肉的範圍，依照肌肉大小不同有可能需要另外使用較小的電極貼片（可以到藥局購買）。

神經肌肉電刺激的訓練可以安排在三頭肌訓練後、訓練前或者組間休息時間做加強，當然電刺激的方法也可以應用在其他感受度較低的肌肉（見 p.67 神經肌肉電刺激訓練）。

將電極放置在肱三頭肌外側頭來喚醒肌肉。

『不管怎麼練，都感覺肱三頭肌長頭深埋在手臂很難練出線條，該怎麼改善？』

在健身房會看到有些運動員即使手臂放鬆垂在身體兩側，還是可以看到肱三頭肌長頭非常凸顯，讓人覺得像是整個長頭肌肉向外轉了四分之一讓肌肉外觀看起來更為發達。這類型的三頭肌長頭通常在上端的起始點有較大的肌肉質量，同時也代表連接在肩胛骨的肌腱相對較短。

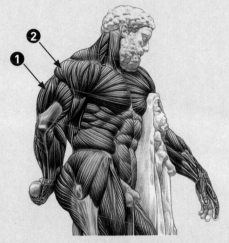 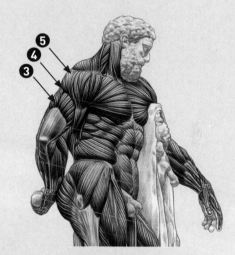

❶ 如果肱三頭肌長頭長度較長且肌肉面向偏向外側，會讓手臂外型看起來更凸顯。❷ 同時向上延伸到肩膀背側的長頭肌肉會讓肩膀與手臂交界處顯得更強壯。❸ 如果長頭肌肉相對較短且肌肉位置偏向內側，外觀上就會較不顯著。❹ 也因為如此，長頭肌肉沒有向上擠向肩膀後側，相對在肩膀與手臂交界處的線條就不會太突出 ❺。

由手肘向上呈弧型延伸到肩膀的肱三頭肌長頭，有助於凸顯肩膀後側的肌肉群，特別是當三頭肌用力充血時會將後三角肌向外頂出，讓整個肩膀後側顯得更為強壯。因此可以透過超級組（supersets）的訓練方式加強肱三頭肌／肩膀後側肌群的充血效果。如果要凸顯肩膀後側的線條，除了加強後三角肌之外，肱三頭肌的訓練也是關鍵之一。

但除了肌肥大的訓練之外，還有沒有其他可以凸顯三頭肌的方法呢？答案就是訓練強化你的大圓肌肌肉量。由於大圓肌的解剖位置如果加上足夠的肌肉量，就可以有將長頭肌肉向外擠出的效果，讓肱三頭肌線條更凸顯，所以對於三頭肌長頭偏向手臂內側的人來說，額外加強大圓肌來達到肌肥大效果是很好的改善方法。

圖中示範特別強化大圓肌的訓練動作，可以幫助向外凸顯肱三頭肌線條，同時間接讓肩膀後側的肌肉也更加明顯。（大圓肌的獨立訓練動作在《進階肌力訓練解剖聖經》一書有詳細的說明）

如果兩者的肱三頭肌大小相同：

❶ 經過完整肌肥大訓練的大圓肌會將長頭肌肉推向外側，強化肱三頭肌的線條。

❷ 肌肉量不足的大圓肌則無法幫助改善肱三頭肌的外型。

『如果肘關節受傷了，還可以訓練肱三頭肌嗎？』

面對這樣的問題，最常見的方法就是採用血流阻斷的訓練方式。訓練時搭配較短的休息時間讓肌力自然下降，讓肱三頭肌可以在較輕重量的狀況下維持足夠的訓練強度。而造成這個問題通常有以下兩種狀況：

狀況 1 — 使用啞鈴就很容易誘發疼痛

要避免這個問題，可以使用配置有多滑輪的纜繩機來輔助，尤其在高組數的肱三頭肌訓練下，可以減少肘關節的負擔。在後面會介紹許多可以減少肘關節損傷的替代動作，但如果手肘的傷勢長期沒有改善，就需要試著考慮血流阻斷的訓練方式。

當然也可以使用肘關節的護具或者一些彈性綁帶來減輕關節或肌腱的疼痛感，同時這些保護措施也會減少肘關節彎曲時上臂和前臂的空間，進而減少肱三頭肌訓練在離心階段所造成的壓力並保護關節。同時在氣溫較低時，這些綁帶或護具也可以達到一定程度的保暖功能。

在健身房很常會看到許多優秀運動員使用這些手肘護具，特別在執行大重量訓練的時候，畢竟肘關節的勞損通常會在多年的訓練中逐漸累積，因此平時就要做好防傷工作。

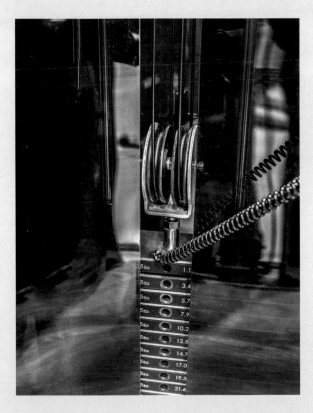

通常纜繩機上配置承重的滑輪越多，相對可以產生更多的力矩，會減輕肱二頭肌訓練時前臂的負擔以及肱三頭肌訓練時肘關節的壓力。

狀況 2 — 不管什麼動作只要動到肘關節就會疼痛

三頭肌長頭的肌肉其實也可以透過纜繩機做滑輪下拉來訓練，只要把滑輪高度固定在中等位置做肩關節的伸展動作，就可以避免肘關節的活動。

雖然這種替代方式無法完全伸展收縮肱三頭肌，但在肘關節疼痛改善前還是可以維持一定程度的訓練強度。

當然，同時也要暫時避免其他可能會用到肘關節的多關節動作，例如胸推、肩推或引體向上，讓肘關節有充足的恢復時間。

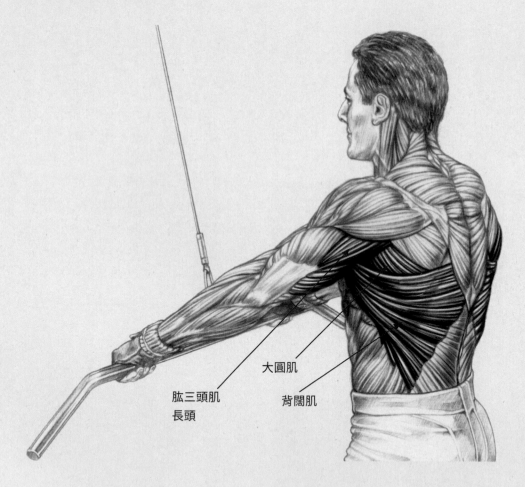

大圓肌

肱三頭肌
長頭

背闊肌

滑輪下拉是可以同時整合背闊肌、大圓肌與肱三頭肌長頭的訓練動作。

手指伸展運動

動作特性

這項動作著重在掌指關節與腕關節的伸展肌群，目的是為了在任何上肢的肌力訓練動作之前先讓這些伸展肌群充分暖身。因為這些小肌群結構較為複雜脆弱，且往往容易在做大重量訓練時被忽略，在長時間沒有充分暖身的情況下反覆受到訓練刺激，就會逐漸產生慢性的病理問題。

訓練方式

坐在臥推椅上讓手掌有地方支撐，將手指背側抵在臥推椅上屈曲掌指關節，接著用手指的力量往上撐起手臂，像是腳趾踮腳尖的感覺，讓手指伸直到指尖接觸椅墊後，再放下手臂彎曲手指回到開始的位置。完成後立刻換手進行同樣的暖身動作。

❶

❷

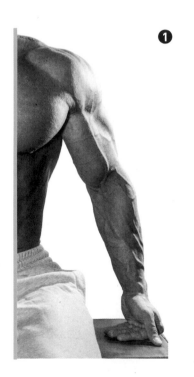

手指伸直運動是在進行任何上肢訓練前必備的暖身動作。

❶ 起始位置，**❷** 結束位置

動作要訣

■ 這項訓練動作主要是依靠自身控制訓練的阻力，試著調整手指伸直的力道來找到最合適的暖身強度。

■ 一般建議本動作適合採用低阻力、高反覆次數的方式執行（每隻手盡量不少於 20 下，甚至做到 50-100 下也在安全範圍內）。

補充說明

腕部與手指的伸展肌群通常不容易獨立訓練，又加上掌控屈曲的肌群很常會有過度使用的情形，長期下來便容易因為掌側與背側肌力不平衡導致其他的病理問題。

而在訓練時，屈曲肌群的動作也比伸展肌群容易增加阻力，更進一步加深兩者

力量的差距，這也是造成腕部肌腱炎的主要原因之一。

但只要透過手指伸展運動就可以有效避免這些問題，當然這不代表說要捨棄原本屈曲肌群的暖身動作，畢竟要能解決前臂的各種病症，必須同時配合屈曲與伸展的動作來平衡掌背側的肌力。

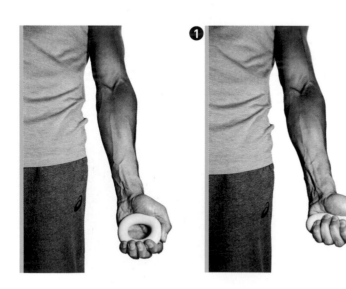

手腕與手指屈曲肌群的暖身訓練，雖然相對伸展肌群容易執行，但不代表可以輕易忽略。

❶ 起始位置　❷ 結束位置

變化動作

1 如果為了節省時間，你也可以同時進行雙手暖身，但這裡仍要提醒讀者，必須先確實熟悉掌握單手的暖身動作，讓伸展肌群得到充足的暖身。

2 除了伸指肌群之外，如果在起始位置稍微增加腕關節屈曲的角度，可以額外增加伸腕肌群的暖身效果，但執行時必須特別小心避免過度屈曲手腕造成關節扭傷。

起始位置　**①**　　　**②**

暖身動作分成兩個階段：

① 起始位置將手背貼在椅墊上，伸腕肌群收縮讓手背離開椅墊，但手指背側仍然貼在椅上。

② 接著伸指肌群繼續用力撐起手掌直到指尖接觸椅墊，回復到起始位置時一樣分成兩個階段，先讓手指背面回到椅墊，再讓手背放下結束動作。

3 在每一組訓練中，可以試著改變指尖的面向來增加不同的動作角度。

①　　　　　　　　　　　　　**②**

改變指尖的面向，可以透過不同角度讓伸展肌群得到更完整的暖身。

① 起始位置　**②** 結束位置

4 因為每根手指長度的差異,很難同時讓五指都接觸椅墊,可以搭配以下三種變化方式做調整:

ⓐ 拇指接觸椅墊。

ⓑ 拇指與食指同時接觸椅墊。

ⓒ 小指與無名指同時接觸椅墊。

三種不同的接觸方式可以從不同的角度刺激伸展肌群,平均分配三種角度的訓練來確保前臂肌群完整暖身。當然也可以把三種動作在同一組暖身連續交替完成,每一下都換不同的出力角度。

不同的起始動作,會改變對伸展肌群的刺激角度。

❶ 起始位置　**❷** 結束位置

動作優勢

手指伸展運動可以強化傳統訓練很難顧及的伸指與伸腕肌群,改善伸展肌群與屈曲肌群的肌力失衡,以及衍生的傷害風險。

缺點

前臂的伸展肌群相對無法承受太大的阻力,容易產生運動傷害,訓練時最好以低強度與多組次數方式執行,來達到暖身活化的效果。

訓練風險

盡可能挑選柔軟的椅墊或軟墊,避免手指與手腕不必要的損傷。

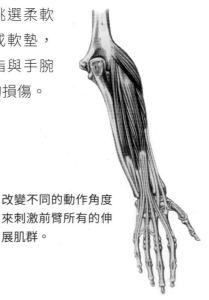

改變不同的動作角度來刺激前臂所有的伸展肌群。

低滑輪肱二頭肌爆發力彎舉

動作特性

這是特別針對二頭肌的強化運動，使用纜繩機台的優勢在於可以用大重量訓練二頭肌爆發力，同時對於前臂的負擔也會比傳統啞鈴訓練來得少。

訓練方式

身體站在滑輪的前方，調整滑輪的高度與把手位置，讓接下來二頭肌彎舉的動作可以順暢執行而不需要身體代償。手肘背側靠在椅墊或機台上保持固定，身體微微向前傾、握住把手準備開始，藉由手肘的支撐用力收縮二頭肌將手把拉到肩膀前方，在最高點維持收縮 1 秒再放下重量。在底部時避免手肘完全打直，完成一手後再換到另一手執行相同動作。

❶　　　　　　　　　　❷

站姿動作在手臂力量上的轉換會比坐姿更為順暢。

❶ 起始位置
❷ 結束位置

動作要訣

本訓練動作的特色在於主要支撐點是手肘（有別於一般使用二頭肌彎舉架或二頭肌機台的固定點是整段肱骨），軀幹還是可以自由活動。雖然以手肘作為支點可以增加身體自由度，但前臂較長的人難免會因為力矩較長不容易出力，這時候身體可以前傾讓手肘相對往後縮短力臂，降低二頭肌收縮啟動的難度。

隨著每一下反覆動作，二頭肌會逐漸感到疲乏，此時可以試著調整身體向前傾，讓動作可以繼續進行，目的是為了在大重量的訓練中盡可能提供反覆次數。

最理想的狀況是以單側訓練的方式，空出來的那隻手可以輔助訓練手避免在離心階段下降過快，同時身體的平衡主要依靠手肘的支點來維持 ❶，接近疲乏時輔助手可以開始出力幫助完成剩下的反覆次數 ❷。

變化動作

1 這項訓練動作也可以在坐姿的狀態下執行，當然相對站姿也可以提高二頭肌對於大重量感受的準確性。

2 如果去掉手肘的支撐，可以增加身體前後傾斜的幅度來幫助二頭肌帶動更大的重量，但要避免過度依賴身體的動力。

3 搭配纜繩機的滑輪，讓二頭肌的彎舉可以搭配手腕的綁帶做輔助，對於手腕或手掌受傷的人來說，這樣可以減輕前臂肌群的負擔，同時維持二頭肌的訓練。

用手腕綁帶替代一般的把手，一樣可以訓練二頭肌。

4 如果你在纜繩機上找不到適合固定手肘的地方，可以改成仰臥在瑜伽墊上做二頭肌彎舉，這種方式除了穩定手肘之外，對於下背不適的人來說更可以保護腰椎。

用手肘支撐而非用肱骨支撐。

動作優勢

通常透過纜繩機搭配低滑輪做二頭肌彎舉時，下背也可以受到機台椅墊部分的支撐。過程中身體可以向前傾讓二頭肌更容易出力，但要避免軀幹向後超過椅墊，導致腰椎壓力上升。訓練時產生的張力主要還是分配在二頭肌與肘關節，盡量避免軀幹與腰椎的代償。

缺點

雙手同時做二頭肌爆發力彎舉的動作看起來雖然並不難，但本書並不建議採用雙側訓練的作法，因為這樣會造成肩關節與二頭肌肌腱危險且多餘的張力。

通常做單手的二頭肌彎舉時會將軀幹稍微轉向動作手來使肩關節處在相對自然的角度，但如果是雙手的二頭肌彎舉，身體勢必維持在中心位置，代表兩側肩關節的肱骨頭必須部分外旋代償才能讓掌心面對前方，但這個角度對於肩關節的負擔相對較大，對於肘關節天生外展角度較大（Valgus）或前臂相對較長的運動員來說，這個問題會更加嚴重。反之如果前臂相對較短或者前臂天生旋後角度較大者（hypersupinators），在做雙手二頭肌彎舉時，肩關節比較不容易過度外旋。

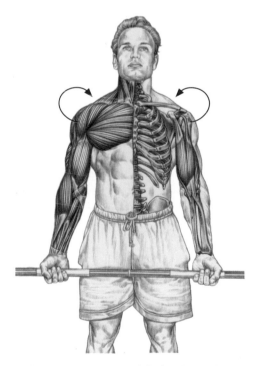

在雙手的二頭肌彎舉動作中，如果前臂越長或者先天外展角度越大，相對肱骨頭就必須外旋更多讓肩關節向後做代償，這種身體擺位在大重量訓練時容易提高三角肌肌群的受傷風險。

訓練風險

注意在使用纜繩機時，如果滑輪固定在身體後方較低的位置，在放下重量的過程中務必避免肘關節完全打直鎖死。雖然你可能知道最好的作法是在手臂接近伸直時，配合身體下蹲來放下負荷，但訓練時往往為了求方便省時會直接打直手臂放下把手，然而這種作法卻是無論如何必須避免的，因為在大重量的反覆訓練中，二頭肌肌腱會因為疲勞而變得較為脆弱，相對在離心階段時吸收緩衝的功能下降，反而提高傷害風險。

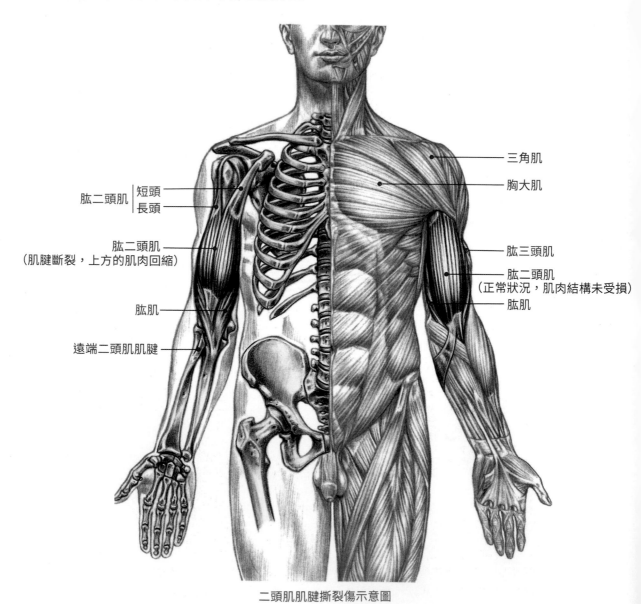

肱二頭肌｜短頭
　　　　｜長頭

肱二頭肌
（肌腱斷裂，上方的肌肉回縮）

肱肌

遠端二頭肌肌腱

三角肌

胸大肌

肱三頭肌

肱二頭肌
（正常狀況，肌肉結構未受損）

肱肌

二頭肌肌腱撕裂傷示意圖

高滑輪肱三頭肌爆發力下拉

動作特性

這項訓練動作可以同時強化肱三頭肌與背部肌群，同時整合肩關節與肘關節的伸展動作，嚴格來說是屬於多關節訓練動作，但由於該動作同時收縮遠端與近端的肱三頭肌長頭肌肉（長頭橫跨肩關節與肘關節），因此常被當作強化獨立三頭肌的單關節運動。但理論上依照執行方式的不同，這項運動可以說同時涵蓋多關節與單關節動作的特性。

訓練方式

將滑輪固定在高處連接上拉桿或拉繩，身體面對纜繩機抓住拉桿，用力收縮肱三頭肌伸直手臂將拉桿往下推。這裡介紹的訓練方式和一般肱三頭肌下拉有所不同，傳統的三頭肌下拉以肘關節的動作為主，肩關節維持固定讓上臂貼在身體兩側，拉桿的起始位置從胸口開始。而本書介紹的爆發力下拉則增加了肩關節的伸展動作，起始位置較高，可以從頸部或額頭前方開始，上臂與地面接近平行後開始用力向下把拉桿推向腰部，這樣的作法可以同時訓練到肱三頭肌與背部肌群。

❶ ❷

在過去的三頭肌訓練中常常會強調過程中固定肘關節的位置，但只要能夠理解動作背後所運用的骨骼肌肉結構，在動作安全的前提下還是可以增加整體的活動範圍。❶ 起始位置　❷ 結束位置

肱三頭肌下拉的動作演進史

其實早在 1970 年代，多數的健美冠軍在做肱三頭肌下拉時都是以本書建議的方式執行，你可以透過一些早期如阿諾及當時知名健美選手的訓練影片，發現他們在做肱三頭肌下拉時手肘不會固定不動，而是會連同肩關節的伸展一起參與，加入部分背肌的訓練。

但在 1980 年代因為某些未知的原因，開始流傳手肘必須固定在身體兩側做三頭肌下拉才是正確的說法，當然這種作法本身也可以強化肱三頭肌，但加入肩關節活動的作法最大的差別就是讓肱三頭肌長頭在近端與遠端都有完整收縮，但一直到今日如果你在健身房做完整的肱三頭肌下拉，還是難免會收到許多質疑的聲音。

當然透過之前的說明，在這裡你可以做出很明確的回應：面對那些質疑的聲音可以問他們是否清楚理解肱三頭肌長頭屬於雙關節肌的特性以及相關的訓練機轉，試著讓你的朋友不要再忽略解剖結構在訓練上的重要性，避免陷入只會模仿別人的動作而不明白背後訓練意義的困境，能以正確的解剖與訓練觀念理解每個動作，才是最重要的前提。

動作要訣

■ 為了提高整體動作的穩定度，這裡建議可以採用前後分腿的站姿，讓慣用腳踩在前方會比兩腳平行更加穩定。

■ 如果覺得多滑輪的省力系統負荷太輕，可以在手肘能承受的範圍內增加一顆針對背肌訓練的滑輪組合。

變化動作

1 肱三頭肌下拉的動作可以搭配拉槓（建議使用彎曲槓 EZ bar 更符合人體工學）或使用拉繩。

而在使用拉繩的時候，雙手可以從頭到尾都靠在中間，或者在拉到接近底部的時候搭配手腕與前臂的旋前動作，讓拇指從原本朝向天花板的方向往下轉動，這樣的變化方式可以更徹底地收縮肱三頭肌。

2 當然三頭肌下拉的動作也可以用單側訓練的方式執行，增加整個下拉的活動範圍。

肩鎖固定帶

拉槓

搭配肩鎖固定帶可以調整肩胛骨的位置，讓肱三頭肌的收縮感受度更顯著，對於原本三頭肌下拉感受度較低的人來說是很好的引導方式。

透過單側訓練的方式可以把拉繩直接帶到身體後方，增加向心階段的動作活動度。

超級組訓練菜單

剛開始同樣做肱三頭肌的爆發力下拉，反覆接近疲勞時馬上接著手肘伸直換成背闊下拉 (pull-over) 繼續訓練，藉由背闊肌的參與同時可以繼續訓練肱三頭肌長頭肌肉，結合兩種動作以超級組的方式提高對肌肉的刺激。

肱三頭肌長頭的解剖構造橫跨肩關節可以幫助肩胛穩定，透過三頭肌下拉 / 背闊下拉的超級組訓練方式，可以有效改善肩關節穩定問題。

補充說明

在做三頭肌下拉時，建議使用較粗的拉桿會更容易施力並降低手肘負擔。一般常見的拉桿直徑約為 2.5 公分左右，相對偏細，可以搭配握力帶來填補手掌與拉桿的空隙增加直徑，但也不要使用超過手掌握寬的拉桿，避免在離心階段不小心滑脫。

動作優勢

■ 使用纜繩機搭配滑輪的下拉動作，通常比起啞鈴或一般機台對肘關節的負擔較小。
■ 對於前臂較長的人，在離心階段會因爲力矩較大增加肘關節的負擔，因此在放下重量的時候，上臂可以配合移動幫助緩衝，避免前臂和和肘關節單獨吸收負荷。

缺點

如果重量超過一定程度，雙腳就很難踩在定點，這時候可以把腳掌塞到機台或大的啞鈴下方空隙增加穩定度。

訓練風險

身體向前傾的時候，背部盡量不要彎曲，離心階段要小心避免拉桿和纜繩連結的金屬釦環打到臉部。

核心強化訓練

因為核心肌群本身牽扯到許多結構性的問題，如何有效且安全地強化核心肌群一直是廣受關注的議題。本處將討論幾個備受爭議的議題，例如如何正確訓練腹肌、有氧訓練的效果、腹部的脂肪雕塑與水分保留以及核心肌群的耐受度問題。

核心肌力大哉問：

『什麼是核心肌力？』

整個腹部與腰部的結構互相連結在一起，不單只是透過肌肉本身，也包含肌腱膜（aponeuroses）以及包覆在肌肉外層的筋膜（fascia）一起環繞整個腹腔[1]，因此任何施加在這個區域的張力都會影響到整個串連的結構。事實上，整個核心肌群最主要的功能就是吸收各個方向的壓力，藉此讓腹部與背部形成一個完整的結構並鞏固腰椎，這就是本處要探討的核心肌群與核心肌力。

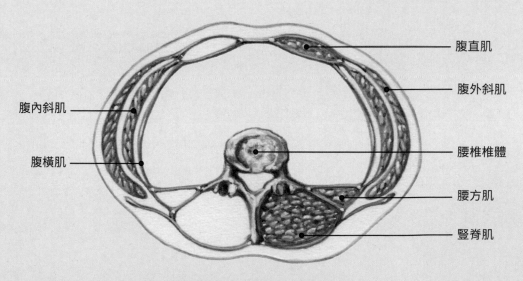

核心肌群俯視解剖圖（水平橫切面）

腹內斜肌

腹橫肌

腹直肌

腹外斜肌

腰椎椎體

腰方肌

豎脊肌

雖然訓練核心肌群在近年廣受歡迎，但其實核心肌群一直都在默默發揮它的功能。許多研究都指出核心肌群在許多使用槓啞鈴的多關節動作（如深蹲與硬舉）中的肌肉活化程度，其實都高於一般認知的核心訓練動作[2]，所以肌力訓練對核心肌力的發展早在核心訓練流行前就已經開始，其影響甚至更為顯著。

但這個議題也能從另一個角度切入，如果核心肌群在多關節動作中扮演如此關鍵的角色，那何不透過某些特定動作額外補強核心肌群來達到更好的表現？

當然這種作法是可行的，透過單純核心訓練的介入，確實可以提高深蹲或硬舉動作的表現，但重點在於如何選擇符合運動員需求的核心動作，除非你是一個運動的初學者，否則對於一個受過肌力訓練的人來說，連續五分鐘的棒式並不會帶來多大的改變，反而需要提高核心訓練動作本身的強度。

『那麼多的核心訓練動作有沒有共通點？』

核心肌群的活化並非自發性的，通常當脊椎受到往後或側向的力量干擾時才會誘發核心肌群收縮，所以如果你在做棒式訓練時沒有啟動核心肌群對抗重力把脊柱維持在原位，理論上你的脊椎就會向背後反折 45 度左右。

同樣的道理，所有會需要彎曲下背的動作，都需要核心肌群的活化來穩定腰椎保護下背。當重力影響腰椎向後或向側邊彎曲時，核心肌群就會協同來維持椎體的排列在相對中立的位置。換句話說，要能誘發並訓練核心肌群，就代表你必須在安全的狀況下適度的給予腰椎一定強度的壓力。

『這些常見的核心訓練動作，到底可以產生多大幫助？』

對初學者來說，核心的肌力訓練動作在初期可以強化協助下背穩定的肌群，但在經過一定時間的訓練適應後，最主要可以增加訓練難度的方式就是提高訓練量，比方說將原本 30 秒的棒式增加為 1 分鐘，以此類推去提高對核心肌群的刺激。

單純增加核心訓練時間的方式，對於一般健身或跑步運動或許有所幫助，但對於某些特定運動專項需要核心肌群承受瞬間高強度（甚至劇烈）的壓力，例如高爾夫球的揮桿、拳擊手的出拳或舉重選手每一次的抓舉動作等等，核心肌群在這些情況下就需在腰椎擰轉的情況下，仍可維持下背穩定或者具備可以瞬間輸出力量的爆發力。

如果你的核心訓練是以 30 秒或 1 分鐘的棒式為主，當然會提升核心肌耐力或部分的肌力，但對於核心肌群的爆發力或轉體活動度就沒有太大幫助。

在這種情況下，就需要調整核心訓練的動作內容來因應專項需求，例如結合棒式與增強式伏地挺身的複合式動作，雙手用力把軀幹推離地面盡可能達到最大高度，落地緩衝時除了依賴雙手做減速，同時也要學習如何誘發核心肌群來穩定下背，吸收由上肢傳遞的衝擊，藉此提高對核心的訓練強度。

當然透過上述的複合式動作可以有效增加核心肌群在爆發力方面的表現，但相對也會提高椎間盤所承受的壓力，常久下來就會有椎間盤突出的風險，雖然動作本身的訓練效果顯著，但基於長期訓練的安全考量風險還是太高。

本章節的目的在於提供給讀者安全且有效的核心訓練方式，可以有效率的強化核心肌力以及一定程度必要的核心爆發力，盡可能在不造成下背負擔的前提下循序漸進地提高動作難度，因此比起坊間常見使用額外負重或彈跳的方式，本書會傾向結合更多的彈性阻力來訓練核心肌群，這些變化動作會在接下來的章節做說明（從 p.184 開始）。

增強式伏地挺身雖然可以提供核心肌群足夠的訓練刺激，但這個動作也會對下背產生極大的負擔。

減脂大作戰：

『做了再多的有氧運動，減去的好像都是下肢的肌肉量，
有沒有可以有效降低體脂的方法呢？』

或許換個問法更能解決你的疑惑。腹肌訓練到底能不能取代有氧運動的減脂效果呢？目前多數流行的有氧運動都是以下肢為主要的作功部位：如跑步、飛輪或登階運動等等，當然也有其他的有氧機台設計可以讓手腳同時參與運動，例如划船機和橢圓滑步機，但在有氧訓練的過程中還是以下肢消耗的熱量為主。

而高強度的有氧運動除了會消耗下肢脂肪之外，也會影響股四頭肌的肌肉量，更不用說對髖關節與膝關節造成的負擔，而且肌肉量的消耗通常很難在短時間內恢復。

因此，最理想的狀況就是找到可以維持有氧能力又不會損耗到下肢肌肉量的方式。那如果改成長時間、多組數腹肌訓練是不是一樣有幫助呢？多數的人認為盡可能使用更多下肢大肌群的訓練可以幫助燃燒更多熱量，但事實是單純的肌力訓練其實很難消耗太多熱量。

在科學的定義上，消耗掉的卡路里其實就是運動時透過肌肉收縮所產生的熱能，也就是所謂的能量逸散（energy yield）。以汽車引擎與汽油的關係來說明，汽油所產生的能量通常只有 25% 到 30% 實際幫助汽車前進，其餘的能量都是以熱能的形式逸散到外界。而在人體代謝系統中效率相對較佳，能量逸散的比例約落在 40% 到 60%，藉由上述的說明可以了解消耗卡路里最直接的方式就是盡可能產生更多的熱能。

由此可知，只要運動過程中產生足夠的熱能就可以達到消耗卡路里的效果，因此如果你想藉由大量的腹肌訓練來達到跟有氧訓練相同的燃脂效果，理論上是可行的。

初學者可能會覺得要連續完成 100 下以上的腹捲可能太過吃力，因此可以將雙手放在前方來降低腹捲的難度，這樣腹肌就可以承受較多的反覆次數。

兩組間的休息時間建議在 15-20 秒以內，透過輕負荷、高反覆、高組數的方式來讓核心肌群有灼熱感，進而提高體溫開始大量流汗，這也就代表你的身體正在消耗熱量。

結論： 因此，如果你不想每天做 20 分鐘的有氧運動，就不妨用 20 分鐘連續的核心循環來訓練。但初學者很難在一開始就承受如此高強度的核心訓練，建議在過渡期可以調整有氧與核心訓練的比例互相搭配，例如 15 分鐘的有氧搭配 5 分鐘的核心循環，再依照個人的進程增加核心訓練的比例。

其實在 70 與 80 年代的許多知名健美選手都曾採用接近 1 小時不間斷的核心訓練，而相對有氧運動的比例也遠低於今日的選手，但在腹肌線條的表現卻更為優異。

補充： 有些人會在訓練時穿外套或長袖來提高身體溫度與排汗量，但除非你有特殊的訓練目的，不然過高的體溫與汗量本身也會造成運動方面的熱疾病。實際訓練時反而應該要適時的減少衣物，來幫助身體散熱以調節熱量的代謝。

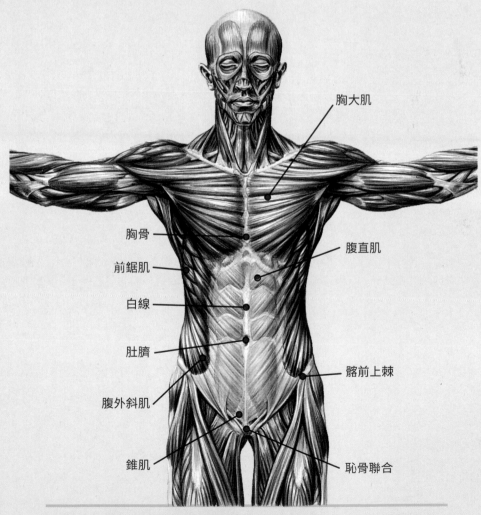

胸大肌

胸骨

前鋸肌

白線

肚臍

腹外斜肌

錐肌

腹直肌

髂前上棘

恥骨聯合

透過比較，再次發現過去選手在腹肌線條的部分反而勝過當代的健美選手。

腹部保留水分的問題：

『不清楚囤積在腹部的是脂肪還是水分，到底實際上是怎麼一回事？』

腹部是人體中重要的儲水區域，所以要怎麼分辨蓋住腹肌線條的是水分還是脂肪呢？首先，讓我們來探討人體儲水的分佈情形。

通常腳踝部分因為重力的關係會自然囤積一定量的水分，這也是襪子穿了一天，腳上會有壓痕的原因。但如果體內所有的水分都自動流到下肢，體液循環將會產生很嚴重的問題，因此人體勢必要演化出其他的儲水位置，這時候腹部就是很好的選擇之一。

因為腹部的消化器官在人體休息時需要有大量水分供給維持運作，這是標榜減重的塑身束腰原理，透過束腰對腹部的壓力讓身體無法在腹部囤積過多的水分。

按照這個理論，腹肌線條會在早上剛睡醒時最明顯，因為晚上平躺睡覺時體內的水分會重新分配，根據 Gibson 教授的研究發現只要平躺 30 分鐘，分佈在皮下組織的水分就會回到體內細胞之中[3]。一旦恢復站姿，水分很快就會再次從細胞流失並囤積回皮下組織。

要了解自己腹部對於水分囤積的差異，可以在睡醒時馬上透過鏡子觀察腹肌線條，並在一個小時後再次觀察線條變化，便可了解自己腹部在一般狀態下囤積了多少水分。當然透過一定強度的腹肌訓練可以幫助移除腹肌部分的水分，讓線條更為突出。

如何改善核心肌群肌耐力不足的狀況：

『一旦拉高訓練強度，在完成第一組動作後，核心肌群就會感到非常疲乏，即使休息再久也很難恢復，甚至會影響到其他部位的訓練。』

腹肌肌耐力不足是相當常見的現象，尤其以下腹肌群特別明顯。通常完成一組下腹肌群為主的訓練後會很容易感到肌肉疲乏，很難繼續完成剩餘的訓練量，

反而容易誘發屈髖肌群的代償。人體其他肌肉如腓腸肌、棘上肌與前臂的小肌群都有類似的問題，在訓練時最多完成 2 到 3 組動作就會感到相當疲乏。

但撇開上述這些肌群在肌耐力上的劣勢，還是可以透過訓練頻率上的調整，來彌補剩下的訓練量（特別是當這些肌群是你的弱項時，更需要完成既定的訓練量）。如果肌肉本身無法在短時間內承受較大的訓練量，試著拉長組間休息時間，將預定的訓練量分段完成。

以腹肌訓練為例，第一組動作可以在整個訓練的暖身階段完成，然後盡可能在整組訓練的收尾階段再增加一組的腹肌動作，透過拉開間距提高訓練頻率的方式完成目標訓練量，前提是你的整體訓練時間必須夠長才能得到完整的恢復。

當然上述這種訓練編排的前提是該部位肌群的疲勞不能影響到下一項動作的執行，例如在高強度的小腿肌群訓練之後往往會影響大腿肌群訓練的動作品質。在這種情況下，如果當天是你的下肢訓練日，那小腿訓練則應該安排在整個訓練的結束階段。在其他部位的訓練日則不影響，甚至可以在訓練前後各別安插一組小腿訓練來增加恢復時間。

同樣地，腹肌訓練也可以考慮安排在休息日做補強，如果肌肉恢復的速度太慢，可以考慮上午與下午各別安排一次訓練。

當然這種肌耐力不足的情況會隨著訓練得到改善，肌肉在經過連續規律的訓練後將可承受更多的訓練量，當然在訓練節奏的安排通常有以下兩種方式：

1 大多數肌群可以盡可能的拉高訓練組數到肌肉疲乏，同時降低訓練的頻率來增加肌肉恢復的時間。

2 腹肌、小腿、斜方肌與前臂等部位的小肌群比較適合拉高整體訓練的頻率，但每次訓練量大約落在一到兩組左右，避免肌肉的疲乏難以恢復。

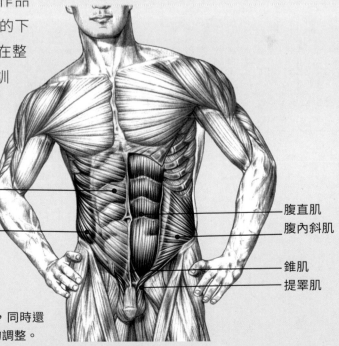

腱膜包覆的腹直肌 —

腹外斜肌 —

—— 腹直肌
—— 腹內斜肌

—— 錐肌
—— 提睪肌

腹肌訓練不會只有單一方式，同時還包含許多訓練頻率與訓練量的調整。

改善靜態核心能力的棒式訓練與變化動作

動作特性

本節將介紹強化腹部核心肌群的訓練動作，由於要訓練核心的靜態穩定能力，因此這些動作本身並不會刻意歸類為單關節或多關節動作。

這一系列的變化動作主要的共同點在於：透過不同的軀幹擺位來誘發並徵召核心肌群收縮，維持下背穩定並對抗影響脊椎排列的重力，避免椎體間過多的壓力造成運動傷害。

動作要訣

要能最快活化核心腹橫肌的方法就是收小腹，當然腹橫肌在棒式支撐的過程也需要收縮，但實際的收縮程度卻不大。

研究發現在棒式訓練中，腹橫肌收縮增加約 16% 的肌肉厚度 [4]，但如果在用盡全力收小腹的狀況下卻可以收縮增加 52% 的肌肉厚度。

因此如果同時結合棒式與收小腹的動作便可以讓腹橫肌達到最大的收縮程度，增加 62% 的肌肉厚度 [5]，但要注意動作過程中避免憋氣，保持正常順暢的呼吸。

訓練方式

俯臥在地面，並透過前臂與雙腳腳尖支撐體重，維持至少 15 秒以上的時間，並保持軀幹穩定在直線中立的位置。

棒式訓練可以讓你學習如何控制腹部肌肉變得平坦。

變化動作

棒式的訓練動作有很多可以調整難度高低的變化方式，接下來會由入門到進階介紹常見的棒式變化動作：

1 一開始先不要急著趴下來做棒式，不妨先從仰臥姿勢開始，雙膝彎曲 90 度並試著將下背平貼向地面，接著緩緩的將腳向下滑伸直膝蓋。

過程中必須維持核心肌群的張力，讓下背盡可能貼向地面（會比下頁左圖中示範教練的下背更接近地面）。

2 上述的變化動作也可以做站姿背部靠牆的版本。保持下背貼平牆面雙腳距離牆角約 70 公分，以小碎步的方式慢慢把雙腳移向牆角，過程中核心維持收縮使下背盡量貼住牆面（比右圖中示範教練的下背貼的更近）。

3 採取相同的站姿靠牆並在下背位置加上一條低阻力的彈力帶，將彈力帶固定在身體正前方，當雙腳慢慢移向牆角時，彈力帶回縮的力量會將身體往前拉，這時候必須保持核心收縮的力量來抵抗彈力，讓下背繼續維持貼平牆面。

❶

❶ 仰臥在地面的方式，比較適合初學者學習如何收縮核心。

❷ 掌握仰臥訓練的方式後，可以試著進階到站姿靠牆來提高難度。

❸ 藉由彈力帶可以進一步提高對核心收縮的考驗。

❷ **❸**

4 **側棒式：**如果要加強腹內外斜肌的收縮程度，可以採用側面支撐的變化動作來訓練。初學者如果覺得單手手肘支撐較為費力，可用空出來的另一手碰觸地面來幫助軀幹維持穩定。

5 **負重棒式：**藉由同伴的協助，在背部放上槓片或者直接跨坐在背上，用額外負重的方式提高棒式訓練的難度。

6 **動態棒式：**除了一般用前臂支撐地面的靜態棒式訓練，也可以藉由手掌支撐前後來回移動的方式增加對核心肌群的刺激，如果手臂向前伸得越遠越直對核心的考驗就越大。

動態棒式不論在健身房或家中都可以維持一定強度的核心訓練。

7 滾輪訓練： 動態棒式的訓練除了手掌前後移動的作法之外，也可以藉由泡棉滾筒、槓片槓鈴或者核心訓練專用的滾輪讓上半身的移動更順暢。當你試著把滾輪推得越遠，對核心肌群的刺激就越高，可以自己掌控適合的訓練強度。

8 TRX 上肢懸吊棒式訓練： 將雙手穿入 TRX 的綁帶後，同樣以棒式撐起軀幹，懸吊在空中的雙手可以前後自由的移動來改變核心肌群的張力。

9 TRX 下肢懸吊棒式訓練： 依照同樣的原理將腳掌穿過 TRX 的綁帶讓下肢懸空，藉由雙手的支撐維持棒式，並前後移動雙腳來刺激核心肌群。

10 TRX 四肢懸吊棒式訓練： 結合上述兩種方式，將雙手與雙腳都穿過 TRX 綁帶，讓四肢可以在維持棒式穩定的狀況下自由移動。這種變化動作對核心肌群強度的要求較高，必須在安全的環境下以漸進的方式執行訓練。

滾輪訓練是屬於進階的動態核心訓練動作。

11 龍旗： 仰臥在地面或臥推椅上，雙手舉過頭頂抓住椅背或同伴的雙腳作固定，藉由上肢與核心肌群的力量將軀幹抬離地面，雙腳和軀幹必須維持直線並以肩部做為支點撐住體重。由於龍旗本身的動作強度和危險性較高，強烈建議不要模仿街頭健身影片的方式將雙腿分開（不管是輪流踩踏或者左右腳分開舉起的方式都不建議），因為分開雙腳所導致的重心變化會增加核心肌群的負擔，尤其對於剛接觸這個變化動作的人來說更會提高下背受傷的風險。

要能完成標準的龍旗 ❶ 與前水平支撐 ❷，通常只有經過長時間嚴格核心訓練的運動員才做得到。

12 反向棒式（前水平支撐）： 反轉一般棒式動作的方向讓背部朝向地面，藉由上肢與核心肌力將身體懸吊在空中，盡可能維持軀幹與雙腿呈一直線，屬於街頭健身常見的經典動作。

超級組訓練菜單

■ 可以藉由靜態穩定的棒式與常見的腹肌訓練動作如腹捲作結合，來完成超級組的訓練模式。

當你先盡力完成最大次數的腹捲後馬上接著繼續撐住棒式，你會很明顯感受到腹部肌群的灼熱感，因為前面最大反覆次數的腹捲已經達到先期疲勞（pre-fatigue）的效果，接下來的棒式通常就會比一般維持的時間縮短很多。

■ 超級組的方式也可以改變順序，先完成棒式後再接著進行最大反覆次數的腹捲，藉由後期疲勞（post-fatigue）的方式同樣可以達到核心肌群最大的訓練刺激。

動作要訣

藉由超級組結合靜態與動態的訓練方式，會同時訓練到表層的腹部肌群與深層的核心肌群，因此在你竭盡全力完成一組超級組訓練後，整個腹腔壁會因為肌肉疲勞而暫時顯得鬆弛，短時間內會有小腹變大的感覺。

最常見的錯誤

在進行核心訓練時，最常見的錯誤就是容易過度伸展下背所造成的代償，因為在下背過度伸展的情況下，腰椎彼此之間會互相擠壓靠攏，進而分攤掉部分原本核心肌群需要承受的張力，會讓你覺得動作變得比較容易完成。

但就如同本書中反覆提醒，過度的下背伸展同時也會壓迫到椎體之間的椎間盤，衍生出許多相關的病理問題或運動傷害。

動作優勢

通常一組基本的棒式訓練並不會對核心肌群帶來過多的疲勞，但卻可以做為進行大重量訓練如深蹲、划船或硬舉之前很好的暖身活化動作（見第 4 篇）。因為在執行這些高強度訓練時，核心肌群也需要維持一定程度的收縮才能保護腰椎。

當然如果你想要額外強化核心肌力，便可以在完成主訓練之後再另外增加幾組核心訓練，這時候的訓練就可以盡可能增加時間與組數，讓核心肌群達到力竭。

缺點

靜態的核心動作嚴格說起來並不是做得越久就對運動表現越有幫助，尤其多數的競技運動更強調的是在快速爆發狀況中維持動態穩定的能力。然而靜態的核心動作對於想要雕塑腹部曲線的人是有幫助的，雖然還是要搭配有效的飲食與減脂規劃，但經過訓練的深層腹橫肌也可以幫助讓腹部看起更緊實。

訓練風險

近年來多數觀點告訴我們，深層核心肌群的訓練會比許多傳統腹肌訓練來得安全且有效。但這個說法其實還是有疑慮，因為核心訓練的本質，還是透過各種擺位與動作來誘發深層肌群的收縮，過程中同樣會對腰椎產生剪力，因此除了動作本身的差異之外，訓練的成效與風險還是取決在執行面的確實與精準度。

強化動態核心能力的爆發式腹捲

動作特性

這項訓練動作同樣是以深層的核心肌群為強化重點，但不同於之前提到的許多靜態的棒式變化動作，配合彈力帶的爆發式腹捲，以動態甚至接近爆發性的動作模式做出腰椎的活動度。當然這樣的訓練方式，也更貼近競技運動中的動作表現需求。

訓練方式

找到穩固的支撐點將彈力帶固定在身體前方約肚臍高度的位置，讓身體穿過彈力帶貼在下背的高度，再往後站拉開張力，雙腳站開維持穩定後，先慢慢地順應彈力帶回縮的力量讓下被伸展形成弧度，在接近極限的時候收縮腹部肌群，讓腰椎向後屈曲回到中立位，維持核心肌群收縮至少 2 秒後再慢慢放鬆，讓彈力帶再次回縮準備重複動作。

動作要訣

在離心階段盡可能慢慢地將腰椎伸展到極限，但由於這個姿勢相對會對椎間盤產生較大的壓力，所以過程必保持順暢，避免突然的停頓或出力。而在向心收縮階段時，必須注意避免依賴體重或臀部肌群的力量去代償，專注在腹部核心肌群的收縮以站姿的方式完成腹捲，避免身體其他部位多餘的代償動作。

注意！ 圖中示範教練雙手抱頭是為了拍照時避免遮住腰椎動作曲線，
實際訓練時可將雙手放在腰際或者抓住彈力帶協助動作穩定。

因為彈力帶回縮的力量會持續讓你的腹部有向前突出的感覺，因此你必須無時無刻意識到並控制腹橫肌的收縮讓小腹保持平坦，藉此強化核心肌群的控制能力。

小技巧

■ 身體站得越遠，彈力帶回縮的力量越大，對於核心肌力的需求就會增加。建議初學者可以先找到適當的距離開始訓練，隨著能力提升再以漸進的方式後退，增加彈力帶的長度。

■ 訓練前必須確保彈力帶的固定點穩固，尤其隨著能力進步，增加彈力帶的磅數或距離，對固定點的拉力也會隨著上升。

■ 這裡建議初學者可以雙手輕輕抓住彈力帶協助穩定，避免訓練過程中腰椎受到任何突發的拉力導致運動傷害，當你熟悉核心肌群動態控制的技巧後，再將雙手放開提高難度。

■ 在同一組的動作中，如果你感覺腹部肌群開始疲乏時不要馬上停止訓練，可以試著雙手抓住彈力帶減輕負荷，完成剩下的反覆次數。

■ 同樣的方式也可以在肌肉感到疲乏時，試著讓身體往前站一點來減輕彈力帶的阻力，可以幫助你降低難度來完成更多的反覆次數。

補充說明

■ 站姿腹捲的整體動作範圍，主要取決於運動員腰椎往後屈曲到往前伸展的幅度。剛開始訓練時，可以先從小範圍來熟悉肌肉收縮方式，接著再漸漸增加腹部前後收放的範圍，最後盡可能讓整體動作在向心與離心階段都可以達到最大的活動度，使腹部肌群在腰椎向後推時盡量達到最大的收縮程度。

■ 基本上我們建議以較慢的速度完成整個動作過程，但對於有核心快速爆發能力需求的運動員來說，站姿腹捲的方式在許多動態核心訓練動作中算是相對安全的做法。

當然剛開始訓練時，同樣必須從慢速開始熟悉及正確的肌肉收縮方式，再漸進加速到接近動態爆發的動作模式，要盡量避免在加速時使用臀部肌群或身體其他部位做出彈震式的代償動作，確保過程中專注在腹部肌群的收縮來完成動作。

變化動作

1 動態腹捲的變化型式也可以透過四足跪姿搭配額外負重來完成。準備好四足跪姿後，請同伴或教練將適當重量的啞鈴、槓片或壺鈴放在下背的位置，讓重量自然的將腰椎向下伸展到最大範圍，再藉由腹部核心肌群的收縮，將重物往上頂回腰椎屈曲的位置。由於這項變化動作運動風險相對較高，可以請同伴輕輕扶住啞鈴來協助穩定，務必有教練或同伴的監督，避免獨自進行這項動作。過程中同樣要避免頸部肌群或上肢力量的參與，專注於腹部核心肌群的感受度與完整收縮。

2 如果要再提高動作整體的安全性，建議可以改用史密斯機台作為負重器材。在機台下方同樣以四足跪姿的方式做準備，並將槓鈴背負在腰際的位

❶

❷

如果四足跪姿的核心訓練強度不夠，可以透過額外增加負重的方式加強動作難度。
❶ 起始位置　❷ 結束位置

置。可以為槓鈴包上毛巾或泡棉來保護腰椎並增加接觸面積。由於史密斯機台重心較為穩定，相對啞鈴或單一槓片可以增加腰椎向下伸展的活動範圍。

此外在開始動作前，也不要忘記將史密斯機台的安全護槓調整到適當的高度，這樣即使有任何突發狀況，槓鈴也會停在護槓上方而不會直接壓傷腰椎。

如果提高大負荷訓練下的安全性，搭配史密斯機台絕對是最適合的選擇。❶ 起始位置　❷ 結束位置

動作優勢

■ 彈力帶提供的彈性阻力可以突破傳統核心等長訓練的限制，讓整個核心心肌群在動作過程中都能夠有一定程度的動態阻力。

■ 比起許多增強式的核心訓練來說，站姿腹捲可以同時兼顧快速爆發的動態特性與降低傷害風險。

缺點

搭配彈力帶的訓練，很容易會誤導運動員使用彈震的方式去完成動作，這種瞬間發力與放鬆容易增加下背傷害風險，務必先以較慢的速度執行，確保整體動作的準確性。此外，相對一般傳統肌力訓練來說，彈性阻力很難準確界定每一次的負荷強度，因為阻力大小會隨著距離與固定點和身體擺位而有所變化。

訓練風險

當然，如果你本身有下背疼痛的問題，就要先避免任何會過度伸展或屈曲腰椎的訓練動作。可以先從事以等長收縮為主的靜態核心訓練，例如前幾節提到靠牆系列的核心運動，相對能提升腰椎足夠的支撐與保護。站姿腹捲的訓練前提必須先確定運動員沒有任何下背的病理問題才能執行。

壯大股四頭肌

股四頭肌的訓練對於許多剛接觸肌力訓練的人來說往往是一大挑戰，因為下肢訓練通常對體能的消耗很大，再加上股四頭肌相對其他部位肌群擁有更多的肌肉量，在蛋白合成與肌肥大的過程往往需要更紮實的訓練與營養補充。

除了先天生理條件與訓練需求的考量之外，下肢訓練往往還會受到膝關節、髖關節、頸椎或腰椎方面的病痛所影響。當然如果你有上述的病理問題，我們也會在接下來的內容中說明有哪些方式可以協助改善症狀，並以安全有效的方式繼續完成股四頭肌訓練。

下肢力學結構的特殊性

膝關節動作 VS 髖關節動作

讓我們先探討下肢單關節動作與多關節動作對股四頭肌訓練效果的差異。下肢單關節動作如腿伸展基本上完全以膝關節的屈曲與伸展為主，因此在完全獨立出股四頭肌的訓練效果上非常顯著。而下肢多關節動作如深蹲則同時包含髖關節、膝關節與踝關節的參與，也因此依照每個關節活動角度的不同，各部位肌群參與的比例也有差異。

如果膝關節的活動角度越大也代表股四頭肌的伸展收縮更為完整，但關節角度的比例除了運動員的本身動作控制的差異外，其實也會受到先天解剖構造的影響。先天股骨比例較短的人在執行深蹲時，同樣下蹲到大腿平行地面的深度時，髖關節所需參與的角度會少於股骨

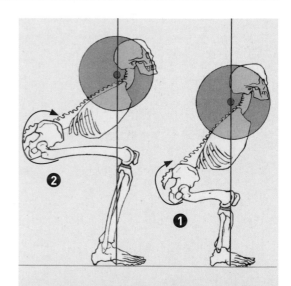

❶ 先天股骨比例較短，會減少深蹲時髖關節的角度變化，相對股四頭肌參與的作用比例較高。

❷ 先天股骨比例較長，在深蹲時則需要更大髖關節屈曲角度，相對減少了股四頭肌的作用比例。

比例較長的運動員，但這也相對增加了股四頭肌離心伸展的長度，代表增加股四頭肌在整個深蹲動作中的作用比例。

而先天股骨比例較長的人，下蹲到相同的深度勢必要有更大的髖關節屈曲角度，表示有更多臀部與腿後肌群受到離心延展，而接下來參與向心階段的比例也會增加，所以在力學的角度上相對減少了股四頭肌的作用比例。

當然必須注意髖關節屈曲的角度，也會影響上半身前傾的程度，過度的前傾可能會增加成下背肌群的負擔。

疲乏狀態下的神經肌肉徵召變化

經由上述的說明可知，下肢肌群與關節在深蹲動作中會有個別不同的作用比例。那你或許會好奇，在深蹲訓練中造成運動員產生肌肉疲乏的弱鏈（weak link）是來自哪個關節動作（或肌群）呢？根據運動科學研究統計發現，約有三分之二受試者的疲乏感是來自於髖關節動作，也就是臀部肌群（加上部分的腿後肌群）的肌肉疲勞，而另外三分之一則是受膝關節動作，也就是股四頭肌的肌肉疲勞所影響[3]。

當然透過研究結果可以歸納出第一個很明顯的結論：即便相同的訓練動作，在不同運動員之間還是會有不同的肌肉運用方式。同樣是深蹲動作，有的人傾向用臀部肌群來主導發力，有的人則習慣依賴股四頭肌收縮來完成動作。

研究中也發現當受試者的臀部肌群開始產生疲勞時，會微幅增加股四頭肌的神經肌肉徵召來做補償，但這樣的轉移並沒有辦法完全取代原本臀部肌群的作功。同樣地，對於股四頭肌先疲乏的人，也會增加臀部肌群的徵召來彌補，但終究還是會影響整體深蹲動作的完成度。

因此我們可以知道，當你深蹲到極限反覆次數時，並非所有的下肢肌肉都同時達到疲乏，某部分肌群可能還有剩餘的肌力，但卻無法完全彌補弱鏈關節與肌群的疲勞。

而且很多時候訓練學上的現象通常不會只有單一因素，除了肌肉疲勞之外，心肺能力也是限制運動表現很關鍵的因素之一，尤其像深蹲訓練這種下肢多關節

動作通常有較高的運動強度。對很多初學者來說，往往在達到肌肉疲勞之前會先受限於自身的心肺適能，過程中可能會出現暈眩或頭痛伴隨心跳加劇與喘不過氣的感覺，代表身體正在發出缺氧的警訊，這種情況下你反而應該先設法改善自己的心肺功能來適應訓練強度。

最後研究也發現，所有的受試者在進行深蹲時，或多或少都有出現左右肌力不平衡的現象，平均來說雙腳在推蹬時慣用腳會比非慣用腳多施加大約 10% 的肌力[3]，雙側肌力不對稱的情形也是許多運動科學研究的熱門議題之一。

動作活動範圍與訓練負荷的關係

在多關節運動中，如果增加關節活動角度的範圍，很自然就會提高該部位肌群的神經肌肉徵召程度。在深蹲動作中，對於股四頭肌或是臀部肌群都是如此，但這兩大肌群的作用比例卻會隨著運動員的身材比例與深蹲動作的執行深度而有所不同[1]。

如同前面所述，對於股骨相對較短的運動員來說，在進行深蹲訓練時，股四頭肌會比臀部肌群有更高的作用比例。但除了先天結構因素之外，深蹲動作本身的執行方式也會影響肌肉使用比例。

在肌電訊號的研究觀察中發現，即便受試者是平均身高落在約 170 公分的中等身材，在深蹲動作中只要下蹲的深度低於大腿與地面的平行線，臀部肌群的肌肉徵召成長速度就會上升將近到股四頭肌徵召程度的兩倍[2]，因此在實際訓練中，也必須考量到訓練需求來調整適合的動作模式。

同樣地，深蹲動作的訓練負荷也會影響下肢肌群作用的比例。對於多數人來說，如果深蹲的負重較輕，相對容易使用股四頭肌與膝關節的活動來完成動作，臀部肌群與髖關節的作用比例則較低。不過一旦提高深蹲的重量，臀部肌群與髖關節的作用比例就會提升[2]。

這種因為訓練負荷變化而產生肌群作用比例改變的現象，也會出現在斜上 45 度的腿部推蹬訓練中（45-degree leg press）。

不同訓練器材的特殊性

除了調整髖關節與膝關節的動作角度之外，還有甚麼因素可以提升腿部肌群的訓練效益？

一般常見的下肢多關節訓練方式如自由重量的深蹲、哈克深蹲機台（hack squat）或斜上 45 度的腿部推蹬機台，基本上都是依照直線的動作軌跡來移動負荷。以深蹲動作為例，身體為了在往上撐起槓鈴的過程中維持平衡，必須減少下肢關節在其他方向移動與旋轉的空間，但這種接近完全直上直下的動作模式，其實不完全符合大腿肌群在實際運動中的功能表現，一般正常人行走甚至跑步時，大腿的移動其實是接近圓弧狀的軌跡作循環，隨著速度提高運動的軌跡會接近橢圓的弧度。

健身房常見的哈克深蹲機台就是屬於典型的直線推蹬軌跡。

而在上述的多關節肌力訓練動作中，大腿自然的圓弧移動軌跡會受到限制，你可以把這些動作想像成原地跑步的感覺，當你試圖加快速度時，如果不往前衝反而會覺得彆扭甚至容易跌倒，這就是因為單純直上直下的動作並非大腿最自然的運動軌跡。

同樣在下肢的肌力訓練中也是如此，尤其當你加大整個肌力動作的活動範圍，就會開始感受到有幾個角度大腿肌群的發力與活動相對不自然，當然如果是以小範圍的方式執行下肢多關節動作，那直線與弧形軌跡的差異就不會那麼顯著。

上述這些直線軌跡的訓練動作對身材較高大的運動員來說，訓練時受限與不自然的感覺會更加明顯，甚至有可能在大腿肌群發力時會感到不適，當然這種局部受限的感受也會影響運動員在訓練時無法維持應有的運動強度，因此對於下肢比例較長的人來說，我們更建議採用弧線軌跡的訓練動作或機台。

採用弧線軌跡設計的器材優勢

近年來許多新式的機台開始採取改良版的弧線軌跡設計（傳統機台是以直線軌跡為主），這樣的革新設計讓下肢整體的運動軌跡更加完整且自然，進而減少大腿肌群原本的不適感讓收縮更為順暢，比傳統機台更能提升訓練效率並節省時間。弧線軌跡的設計也更能符合下肢關節運作的生物力學，減少膝關節、髖關節與下背的負擔。

提供更完整的關節活動範圍

同樣從 A 點到 B 點的移動位移，以弧線的方式移動可以比直線軌跡涵蓋更大的路徑範圍。在肌力訓練中，相同部位的動作如果可以增加活動範圍，就代表可以增加該部位肌群伸展收縮的完整度，提升肌肉徵召參與的比例。

身材比例比較修長的運動員，在執行傳統直線軌跡的腿部推蹬訓練時，因為髖關節被迫完成更大的屈曲與伸展角度，臀部肌群的徵召比例往往會遠大於股四頭肌的肌肉徵召。

而弧線軌跡推蹬的優勢就在於可以提供運動員相對符合運動實際需求的肌肉運作比例，可以平衡股四頭肌與臀部肌群在推蹬動作中的肌肉徵召與感受度，以更順暢且自然的方式完成動作。

❶ 起始位置：弧線軌跡的腿部推蹬機台，可以讓下肢肌群在預備時得到更完整的伸展。
❷ 結束位置：弧線軌跡的腿部推蹬機台，藉由更符合力學角度的動作曲線來提供下肢肌群更完整的收縮。

提供更完整的肌肉伸展收縮

一般經典的下肢多關節訓練動作如深蹲、哈克深蹲或傳統的直線腿部推蹬訓練，通常都有個別肌肉活化程度比較高的區塊，為了能夠均衡發展下肢腿部的主要幾個大肌群（股四頭肌、腿後肌、臀部肌群以及內收肌群），在執行完多關節大動作之後，往往還會需要針對其他缺少的弱鏈進行補強。但弧線腿部推蹬機台的優勢就在於可以透過更加符合下肢運動力學的動作軌跡，來讓這些大肌群有更完整的伸展收縮，相對可以節省其他補強動作的時間並提高訓練效率。

同樣地，弧線軌跡的腿部推蹬方式也可以更加刺激腿後肌群有更完整的收縮，同時減少原本直線推蹬對股四頭肌的動作抑制。整體來說因為動作更加符合腿部推蹬的力學角度，可以讓下肢不同的肌群間有更好的連結與作用比例，減少彼此抑制的情形發生，當然也因為整體肌群的徵召程度提高，訓練強度也會隨之增加變得更有挑戰性。

如何選擇適合弧線腿部推蹬機台

近年來市面上推出了許多不同種類的弧線腿部推蹬機台，但並非所有的設計都能有相同的訓練效益。有些機台在設計上由於腿部踩踏平台與背部的靠墊角度接近平行，相對所能產生的弧線角度較小，反而和傳統的直線推蹬方式差異不大。當然，如果靠墊與踏板的角度越接近垂直，就可以讓腿部推蹬時有更大的弧線空間，但也要注意多數的腿部推蹬機台是靠背部作為支撐點在施力，如果靠墊與踏板的夾角過大也容易增加下背負擔，在多數的下肢訓練中，下背會被迫承受部分的壓力。其中綁帶式深蹲是少數對下背負擔較低的下肢訓練動作（見 p.206），因此在選擇上務必以個人感受為依據挑選適合的機台，或者選擇有可調式靠墊或踏板設計的訓練器材。

補充：除了腿部推蹬的動作之外，近年來也有越來越多胸部、肩部與背部的訓練機台開始採用弧線軌跡的設計，來保護並提供肩關節更完整的活動範圍，同時也讓這些肌群可以用更協調的方式完成伸展收縮。

漸進式阻力設計

■ 一般自由重量的深蹲、哈克深蹲或傳統直線腿部推蹬的機台，通常都是以固定的負荷在執行動作，但近年許多新式的弧線推蹬機台開始採用漸進式阻力的設計，會依照腿部推蹬的位置而有不同比例的阻力變化。

■ 在準備開始推蹬時，下肢肌群處於離心伸展的階段，這時候機台會先以較輕的阻力幫助動作順利啟動並保護關

節。隨著用力將腿部伸直的過程，機台提供的阻力也會開始增加提高難度，讓整個腿部肌群可以在全部的回動範圍中都得到適當的強度刺激。

■ 在你過去執行深蹲、哈克深蹲或直線的腿部推蹬動作可能有類似的經驗，當蹲到最低要啟動撐起重量的那一瞬間通常會覺得非常吃力，而過程中費力的感覺會逐漸減少，直到接近站直的時候反而覺得相對容易，這就是固定阻力的訓練常見的現象。

當然你可以縮小動作範圍來避免這個問題，但這樣同時也會減少某些特定角度才有的肌群作用，以腿後肌群為例，通常只有在深蹲或腿部推蹬的最低點才能有完整的肌肉活化。

■ 透過上述的論點，可以了解漸進式阻力的設計可以更加貼近下肢肌群在不同角度的發力模式，提供關節更好的保護並讓肌肉獲得更完整的刺激，如果在機台或槓鈴上加裝彈力帶也可以更加凸顯漸進式阻力的效果。

腿部推蹬搭配彈力帶的優勢

研究發現在相同負荷的條件下進行分腿蹲時，使用彈力帶來產生阻力會比單純使用啞鈴提高約 30% 的下肢肌肉收縮[4]，所以同樣的原理也可以應用在腿部推蹬的機台上，搭配機台與彈力帶可以有效提高你在推蹬時的感受度。

除此之外，彈力帶的另一個最大的特點是可以在整個動作過程中提供動態式的阻力變化，特別是在離心階段更為顯著。因為一般啞鈴或機台在整個過程中的負荷維持固定，運動員在離心階段放下重量時會相對覺得輕鬆而降低專注度，但如果搭配使用彈力帶，會迫使運動員在離心階段必須保持肌肉張力來抵抗彈力帶回縮的力量，相對來說會讓整個動作過程的專注度與肌肉伸展收縮更為完整。

彈力帶提供的彈性阻力，會以動態漸進的方式分布在推蹬的最低點（相對較輕）與最高點（回縮力最大）。

在多關節訓練動作的設計概念裡，請注意不要混淆「中軸合併（convergence）」與「弧線軌跡（circularity）」的概念，市面上有許多上肢訓練胸背部肌群的機台設計同時包含這兩種理念，但弧線軌跡的概念是為了更加符合該部位關節與肌肉自然狀況下的運動力學軌跡，但中軸合併的概念是以兩次肢體向中心靠攏來增加中心與內側緣的肌肉收縮，最常見的例子就是蝴蝶機的設計。正常來說，一個中軸合併設計的機台可以同時加入弧線軌跡的概念，但相反地以弧線軌跡設計的器材卻未必適合中軸合併的動作。

以前面提到的腿部推蹬為例，可以藉由弧線軌跡的設計讓推蹬動作更自然順暢，雙腳前推的動作在解剖構造上卻不適合搭配往中心靠攏的概念，因此如果你遇到有人跟你解釋這是一台以中軸合併概念設計的腿部推蹬機台，你就可以知道對方可能是想表示弧線軌跡的意思，但他對於訓練動作設計的概念理解並不透徹。

下肢骨骼肌肉解剖特性

不同的腿部結構外觀

O 型腿（Genu Varum）

正常輕微範圍內的 O 型腿，在執行許多下肢訓練動作如深蹲、應舉、抓舉、挺舉上推、腿部推蹬或哈克深蹲時，因為膝蓋不容易向內或膝外翻，因此在穩定性方面是相對有幫助的。

然而在外觀上，O 型腿在兩腳大腿內側的空隙會比較明顯，通常需要額外強化大腿內收肌群才能彌補這個落差，但對於天生內收肌肌腹較短或附著點較高的

人來說，要達到相同的效果，在肌肥大訓練上就會比較吃力。

另外如果 O 型腿的弧度區段出現在小腿以下的位置，那我們建議訓練時必須特別留意動作穩定性的部分，尤其初學者如果有這方面的現象，建議可以先從使用固定的訓練機台開始訓練，如果想採用啞鈴或槓鈴的自由重量，就必須花費更多的心力在維持身體平衡。

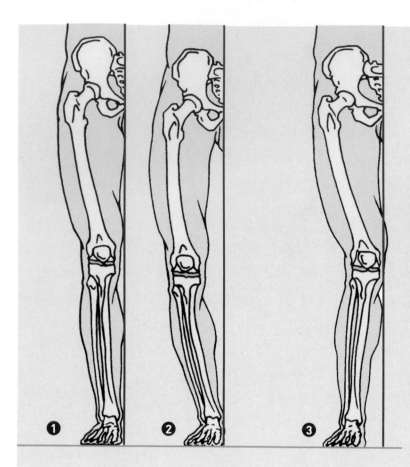

先不考量身材高矮，腿部的結構外觀常常是因人而異，而最大的關鍵還是在於下肢骨骼結構的排列與角度不同。依照腿型的不同，甚至會影響每個訓練動作執行的難易度與技巧，這也是體能教練在編排訓練處方時所應該留意的。

❶ 直腿
❷ O 型腿
❸ X 型腿

X 型腿
（Genu Valgum 常見於女性）

相對於 O 型腿的另一種情況就是 X 型腿。由於膝蓋向內與膝關節外翻的緣故，在訓練時會容易出現重心不穩定的情形。

建議可以強化髖關節的外展肌群與臀部深層的旋轉肌群來改善膝蓋向內的情形，不過相對於 O 型腿來說，在外觀上即便內收肌群相對不發達，也不容易在兩腿內側出現空隙。

膝反曲
（Genu Recurvatum）

膝反曲（見下頁圖）同樣也是一種下肢骨骼肌肉組織排列上典型的現象之一。

在執行深蹲或腿部推蹬等動作時對於膝反曲的運動員來說，如果過度伸直膝關節就很容易提高受傷風險，加上如果小腿比例較為修長，更會凸顯膝反曲的幅度大小。

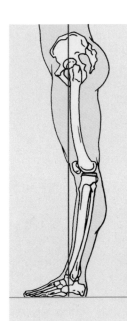

這種典型的膝反曲現象會使你在執行下肢多關節訓練時，一旦過度伸展膝關節就會讓膝蓋處於相對危險的力學角度增加傷害風險。

然而在實際情況裡真正屬於膝反曲的人並不多，但在健身房中這種概念卻很容易被不了解解剖狀況的教練渲染成只要在腿部推蹬時打直膝蓋就一定會受傷。

基本上對於一般結構正常的運動員，在訓練時都可以正常的伸直膝關節，只要確保在負重時不要讓膝蓋完全鎖死，讓肌肉維持穩定的張力，就可以避免造成膝關節過多的負擔。

總結

如果你發現自己的腿型有可能符合上述其中一種特異排列時，本書強烈建議你諮詢骨科醫師並訂製專屬的矯正鞋墊來提高訓練時的安全性。這種基本保護措施不只有高階運動員才適用，任何人都應該以安全有效為前提來進行所有訓練。

平底訓練鞋 VS 足跟增高鞋

在進行下肢多關節訓練時，可以透過將足跟部分墊高來提高股四頭肌的感受度，因為這樣的做法可以將重心調整到前側，相對提高膝關節參與的動作比例，同時減少髖關節的活動範圍。

現在許多流行的多功能訓練鞋，會開始採取類似舉重鞋的概念將腳跟部分增高，相對一般平底訓練鞋，會讓你在舉起負荷時更容易使用股四頭肌，感受也相對輕鬆。但由於重心的調整會提高膝關節與髕股部分的壓力，對於有膝關節疼痛等問題的人來說，選用這種足跟增高的訓練鞋前必須經過妥善的評估與考量。

但相對地，如果你希望強化腿後與臀部肌群的感受度，那選擇平底訓練鞋就能達到這個效果。同時對於有膝關節疼痛等問題的人來說，平底訓練鞋的重心分布可以減輕對膝關節的負擔讓你維持正常訓練。

當然，除了一般常見運動品牌的平底訓練鞋之外，近年也有不少知名教練與選手開始流行以傳統平底帆布鞋做下肢肌力訓練，也能夠達到類似的效果。

股四頭肌訓練常見的問題：

『膝蓋疼痛還可以訓練股四頭肌嗎？』

膝蓋疼痛並不會是腿部訓練最大的阻礙，以下介紹兩種常見的疼痛情形
與對應的訓練調整方式：

1 只有在做多關節訓練動作才會誘發明顯的膝蓋疼痛

第一種情況是膝蓋疼痛的症狀只會在進行深蹲、哈克深蹲或腿部推蹬等多關節動作中較為明顯，但在股四頭肌的單關節動作中則不容易誘發疼痛感，藉此可以判定多關節動作可能會導致膝關節某種程度上的疲勞或發炎反應。最基本的解決方式就是避免再增加膝關節的壓力，讓組織有足夠的修復時間，同時建議採用膝關節活動範圍較小的訓練動作來維持股四頭肌的訓練刺激。

2 所有活動到膝關節的動作都會誘發膝蓋疼痛

這種情況就必須先避免任何包含膝關節動作的運動，可以參考圖中的方式，藉由健身房常見的臀部訓練機台或者低滑輪的纜繩機來輔助。膝關節以不誘發疼痛的方式保持伸直或屈曲狀態，因為股四頭肌中的股直肌屬於雙關節肌肉，透過這種調整方式便可以透過髖關節的動作來維持對肌肉的刺激，並避免誘發膝關節疼痛。

❶ 起始位置：配合臀部訓練機台做提膝運動。
❷ 結束位置：將小腿屈向臀部的位置可以增加更多股直肌的肌肉徵召。
❸ 如果屈膝會誘發疼痛，也可以改成直膝的方式進行。

除了訓練動作上的調整，上述的兩種膝蓋疼痛情形也可以透過其他不同概念的方式做改善。例如前面提到的血流阻斷訓練，可以幫助你使用相對較低的負荷進行訓練避免誘發疼痛。又或者搭配震動訓練的設備，透過特定的振動頻率來刺激腿部肌群神經肌肉徵召，同時降低疼痛感。

當然，藉由神經肌肉電刺激，也可以在完全不移動膝關節的狀況下收縮腿部肌群，不過電刺激雖然有減輕疼痛與加速恢復的效果，但如果刺激的強度過高，也會導致肌肉劇烈收縮增加膝關節的壓力（以上三種方法請見第 2 篇關於高科技肌力訓練方式的內容）。

也可以利用纜繩機搭配低滑輪來訓練提膝動作，但要注意用雙手或至少單手扶住機台以確保動作穩定性。

『如果下背疼痛還可以訓練股四頭肌嗎？』

以下有兩種在訓練時常見的背痛情形：

1 下背有輕微壓迫感，訓練時會想要避開下背部分去承受重量

這種類型的下背疼痛通常在做一般槓鈴深蹲訓練時最為明顯，可以藉由腰帶深蹲（belt squat）以及類似的變化動作，來避開下背部分的負重。同時也要注意腿部推蹬的訓練雖是藉由機台來完成，但在訓練過程中也有可能因為下背支撐座墊而間接誘發疼痛。

2 下背持續感到疼痛且會影響多數下肢訓練動作執行

這種狀況除了需要諮詢專業的醫療評估以外，在訓練時同樣可以藉由血流阻斷的方式，以較輕或無負重的方式做腿部伸展、分腿蹲或腰帶深蹲來減輕下背負擔。當然電刺激的方式也可以在不誘發下背不適的情況下刺激腿部肌群收縮。

『組間休息時抬高雙腿真的可以幫助恢復嗎？』

本書在介紹肩部訓練動作時，會建議讀者可以將雙手舉高懸吊在單槓上，來減輕訓練之後的灼燒感，幫助組間休息快速恢復。那依照相同的邏輯來說，有些運動員會在肌力訓練或衝刺動作中間的休息時間將雙腿舉起靠在高處，目的也是希望可以加快恢復速度。但這種方式在上肢訓練動作看似沒有問題，但如果實際體驗過在下肢訓練的組間休息將雙腿舉高，你會立刻感受到血流從下半身往腦部灌流，而其中可能包含有訓練過後產生的疲勞因子，例如血清張力素的前驅物（precursors of serotonins）。

因為上肢的肌群肌肉量相對較低，在訓練過程中產生的乳酸等疲勞因子數量並不會如下肢訓練那樣可觀，因此在肩部訓練的組間休息中舉起雙手確實可以達到恢復的效果，但在下肢訓練休息時舉起雙腿往往會加速疲勞因子回流至腦部的速度，反而增加疲倦感。雖然這種感受也會受到個體差異而有所不同，這也是為什麼在就寢時把雙腳抬高可以幫助入睡的原理，但基本上你不會希望這種倦怠感出現在訓練的時候。

除了有增加疲倦感的可能之外，過去的研究在抬高下肢促進恢復的效果也尚未得到明確的實證，也不能完全肯定所有人都會出現相同的反應，所以讀者也不妨在自主訓練的時候稍微嘗試一下抬高雙腳的效果，看看是否會有甚麼不同的感受。

那要如何增進腿部肌群的恢復速度呢？

研究顯示，劇烈的肌力訓練會導致肌肉周邊的淋巴管受到輕微暫時性的損傷，而這些淋巴管的主要目的是協助肌肉排除掉多餘的組織液與訓練後細胞所產生的代謝物。因此淋巴系統在肌肉恢復上扮演相當關鍵的一環，而淋巴管網絡的完整性在劇烈運動後受到破壞，便會對肌肉恢復速率造成影響。

相對於其他部位的肌肉群，腿部肌肉容易因為重力的關係，再加上上述淋巴管網絡在訓練後的損傷而使恢復速度更為緩慢。在高強度的下肢訓練後，淋巴管運送細胞代謝物的能力下降，促使肌肉疲勞恢復的延遲。這裡我們建議同樣可以透過抬高下肢的方式來改善淋巴系統代謝速率降低的現象。

但不一樣的地方在於抬高下肢的時間點不是在組間休息，因為這樣就會導致疲勞因子快速灌流回到腦部影響訓練進行。這裡建議可以在訓練結束後的數小時之內，等心律與身體狀況回復到平常休息狀態後，再以坐姿或仰躺的方式盡可能抬高雙腿，同樣利用重力幫助淋巴系統的回流。保持這個姿勢直到你感覺下肢的血液回充感消退便可以放下雙腳休息，這樣的循環可以反覆二到三次來幫助下肢代謝物的排除，同時也可以舒緩膝關節腫脹等問題。

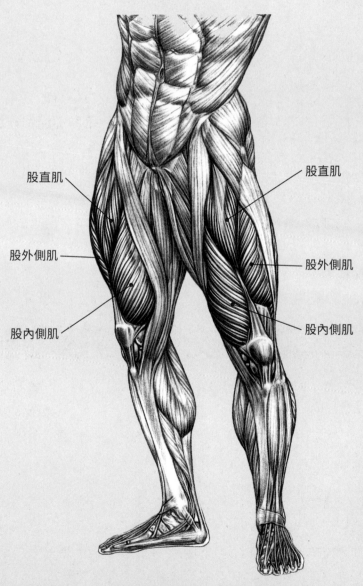

股直肌

股直肌

股外側肌

股外側肌

股內側肌

股內側肌

因為腿部肌肉質量較大，進行下肢訓練動作時，不管對生理或心理都會是很大的挑戰。

腰帶深蹲

動作特性

腰帶深蹲（belt squat）是強化股四頭肌與臀部肌群的下肢多關節訓練動作，比起傳統槓鈴深蹲，上半身可以相對自由地前後傾來調整角度，也可以增加腿後肌群的感受度。

訓練方式

雙腳分開保持肩膀寬度，並將專用的綁帶固定在腰部，將腰帶連結到機台後，鬆開機台上的負重插銷開始準備下蹲，盡可能蹲到最低的深度，讓下肢肌群完全伸展後再用力往下推蹬回到起始位置，以同樣的方式繼續完成剩下的反覆次數。

起始位置：傳統的槓鈴深蹲因為是透過肩膀背槓，所以在過程中容易有重心偏移的問題，而腰帶深蹲的重心集中在下半身與雙腳之間，對運動員而言會相對穩定許多。

結束位置：和傳統深蹲相比，腰帶深蹲在下背的負擔會減輕很多，因此軀幹在動作過程中可以完全挺直維持脊柱中立。

動作要訣

執行腰帶深蹲時，可以透過雙腳站立的位置來調整下肢肌群的作用比例。雙腳的位置如果站在腰帶與機台連接點的前方，在訓練時會增加髖關節的參與比例，進而增加臀部與腿後肌群的肌肉

徵召。如果想要以膝關節和股四頭肌的參與為主，雙腳站的位置就必須調整到腰帶固定點的後方。此外如果兩腳間距越大，相對越容易提高腿後肌群的感受度，但同時也會增加對內收肌群的考驗。

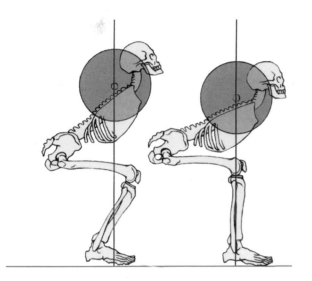

在一般槓鈴深蹲的過程，很多人為了減少膝關節負擔，會刻意避免下蹲時讓膝蓋超過腳尖，但在這個前提下，軀幹就勢必得增加前傾角度來維持整體重新的平衡，這樣一來也同時增加了下背的張力。

但在腰帶深蹲中，因為重心在腰部以下且集中在雙腿之間，即使在下蹲過程中膝蓋不超過腳尖的情況下，上半身也可以繼續保持直立，相對而言對於膝關節不適的人是很好的替代訓練。

補充說明

■ 對於下肢有膝反曲情形的運動員，需要特別注意在往上推蹬時避免膝蓋過度伸展到底，在接近直立的時候就可以停止準備在往下蹲，組間休息或覺得雙腳疲勞時務必將重量重新固定回機台上，

休息數秒後再重新拉起重量繼續動作，避免雙腳在直立時承受過多壓力。

■ 在每一組動作接近結束時，雙手可以扶住機台加強穩定性來額外增加幾下反覆次數。

小技巧

除了機台基本的負重之外，也可以額外加裝彈力帶來增加動態阻力，並加強離心階段的發力與感受度。

變化動作

1 在進行腰帶深蹲時，軀幹往前傾來調整重心增加腿後以及臀部肌群的感受度。

2 在進行腰帶深蹲時，盡可能將軀幹維持直立，讓重心往後以增加股四頭肌的感受度。

3 以漸進的方式改變重心，讓大腿前後側的肌群都可以得到刺激。例如每一組的第一下深蹲，先讓軀幹挺直以股四頭肌為主導開始動作，當股四頭肌開始感覺到疲乏時，再隨著每一下動作慢慢將身體重心往前傾來增加腿後與臀部肌群的使用，這樣便可以在一組訓練中完整刺激到大腿前後側的肌肉，同時也可以在肌肉疲乏時轉換主導肌群來繼續完成訓練。

如果你身邊沒有腰帶深蹲的專用機台，也可以用以下方式替代：

ⓐ 在腰帶下方連接：
- 槓片或啞鈴
- 史密斯機台的槓鈴（可以用毛巾包住槓鈴避免腰帶上的鐵鏈和槓鈴互相摩擦或滑動，參考下方圖片的動作）

ⓑ 將史密斯機台的槓鈴靠在腹股溝的位置深蹲：藉由下頁圖中教練示範的這種方式，便可將史密斯機台的負重集中在下肢。訓練時同樣可以透過軀幹的位置來調整重心改變主導肌群，將軀幹打直，便可以膝關節為主加強股四頭肌的運用。而把軀幹前傾，則可以增加髖關節的動作來刺激腿後與臀部肌群。

ⓐ 連接啞鈴的腰帶深蹲。

ⓑ 連接史密斯機台的腰帶深蹲。

將毛巾包覆在槓鈴上可以增加接觸面積與減少摩擦，往上推蹬時保持雙腿微彎不要完全打直，這樣可以維持腿部肌群的張力同時避免槓鈴往下滑脫。注意由於槓鈴的重量是直接壓在腹股溝的肌肉起始位置上，要避免使用過重的負荷以免壓傷肌肉組織。

c 將腰帶固定在膝窩（見左下圖）：這種深蹲變化動作的難度會隨著身體向後傾的角度增加而提升，即便以徒手無負重的方式也會有很高的強度。

b 起始位置：配合史密斯機台將負重直接壓在腿部做腰帶深蹲。

b 結束位置：往上推蹬時雙腳保持微彎避免槓鈴向下滑脫。

動作優勢

■ 比起傳統槓鈴深蹲而言，腰帶深蹲對頸椎、腰椎與肩部所產生的壓力相對降低很多。

■ 腰帶深蹲減輕了上半身的負擔，讓軀幹可以在下背穩定的情況下自由前後調整角度，也不需要額外使用另一條腰帶來幫助核心肌群，同時呼吸節奏也會比傳統深蹲順暢，可以完全專注於腿部肌力肌耐力的訓練。

■ 配合骨盆向後與軀幹向前的重心調整，可以減少膝關節的負擔，相對適合有膝關節疼痛症狀的運動員來做調整。

c 將綁帶固定在膝窩做深蹲。

缺點

■ 由於重量會直接透過腰帶壓在腰部與大腿的位置，如果重量過重有可能會摩擦或壓傷腹股溝，可以將大毛巾對折墊在腰帶與髖關節接觸的部位來減少壓迫。

■ 在進行一般傳統槓鈴深蹲身體的感受，會是往上抵抗重量下壓的力量，但在做腰帶深蹲時，負重來自下方，相對身體必須抵抗往下的拉力。雖然同樣是腿部的深蹲動作，對軀幹的感受度卻很不一樣。建議剛開始時先以輕重量，讓身肌肉與關節韌帶習慣後再增加負荷。

訓練風險

■ 在開始訓練之前，務必確認雙腳與腰帶和機台連接處的相對位置是否正確，雙腳位置太過後面會使腰帶在推蹬時將身體往前拉，容易重心不穩摔向機台。

當然在使用輕重量暖身時，就必須習慣性地檢查雙腳站立的位置，因為在加大重量之後，腰帶傳遞的拉力提高會使你很難在動作過程中去調整雙腳位置。

■ 如果腿後與內收肌群的活動度不夠，一開始不宜蹲太低。

器械輔助的深蹲訓練

動作特性

在健身房中還有許多可以搭配深蹲訓練的器材，同樣是以股四頭肌、臀部肌群和部分的腿後肌群作為主要訓練區塊。當然機台本身相對自由重量來得穩定且安全性較高，但同時在使用上也會有許多需要注意的細節。

股骨比例較長的運動員使用弧線軌跡設計的深蹲機台感受會比較自然。

訓練方式

踏上機台的踏板並將頭部深入兩塊負重緩衝墊之間，同樣保持脊柱直立後，解開機台插銷開始負重下蹲，直到接近自己平常槓鈴深蹲所能達到的安全深度，就可以用力推蹬站起。

動作要訣

基本上腳掌踩在踏板的位置離骨盆正下方越遠，臀部與腿後肌群感受度越高，而且可以在維持背部直立的條件下蹲得更低。

這種作法如果是一般的槓鈴深蹲，會因為重心問題比較難維持平衡，而機台的好處就是可以依照不同的訓練需求調整腳掌踩踏的位置。

可以藉由調整雙腳在踏板上的位置來改變主要訓練肌群。

補充說明

這裡要提醒大家避免混淆一般深蹲機台與哈克深蹲機台的差異。哈克深蹲機台是讓身體向後傾斜做直線深蹲，可增加大腿前側中心肌群的肌肉徵召，特別是股直肌在過程中可得到更完整的伸展收縮空間。

但本處介紹的深蹲機台則比較接近原本的槓鈴深蹲動作，以背部前傾的方式設計，可以增加腿後與臀部肌群的感受度，但也相對限制了股四頭肌（尤其是橫跨雙關節的股直肌）的伸展收縮範圍。

動作優勢

■ 搭配深蹲機台，可以省去一般槓鈴深蹲需要拆裝槓片的時間，可以提高初學者參與訓練的意願。

■ 機台深蹲相對降低了動作難度與危險性。

■ 多數的機台深蹲採取弧線軌跡符合人體下肢力學設計，同時也具備較高的穩定性避免重心偏移，即使不小心失去平衡也會有安全固定的卡榫擋住重量避免壓迫到脊椎。

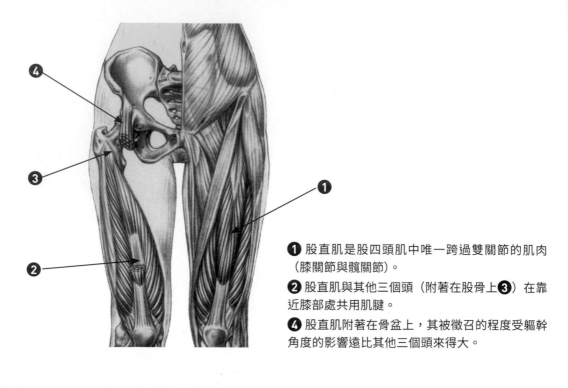

❶ 股直肌是股四頭肌中唯一跨過雙關節的肌肉（膝關節與髖關節）。

❷ 股直肌與其他三個頭（附著在股骨上❸）在靠近膝部處共用肌腱。

❹ 股直肌附著在骨盆上，其被徵召的程度受軀幹角度的影響遠比其他三個頭來得大。

變化動作

1 因為機台的穩定性較高也相對安全，訓練時也可以嘗試將左右腳分開作單腳深蹲。自由側的腳可以輕踩在前方踏板或往後彎曲，隨時準備在單腳疲乏或重心不穩時協助支撐。

2 基本上，搭配史密斯機台的深蹲也是可以有類似的感受與效果，但史密斯機台並非弧線軌跡的力學設計，對於股骨比例較長的人可能會相對不適應。

3 近年來開始流行用六角槓（trap bar 或稱菱形槓）來作深蹲訓練，因為重心比傳統槓鈴穩定，相對可以幫助背部維持直立進行訓練並降低傷害風險。

使用六角槓可以減少一般槓鈴深蹲所承受的下背壓力，雖然不屬於弧線軌跡的力學動作，但效果和深蹲機台相仿。

缺點

所有機台在設計上都會參照常態範圍的人體肢段比例，下肢比例較長的人要蹲到大腿水平面以下的深度，往往會有下背過度反曲的代償情形，因此教練與運動員在執行面上，務必特別留意並挑選適合的自己的訓練器材。

訓練風險

身材越高的人在做深蹲系列訓練時，為了能蹲到足夠的深度，髖關節屈曲的角度與上半身前傾的幅度會相對較大，這同時也會提高下背脊柱與髖關節的壓力，建議可以搭配其他的下肢替代訓練來做調整。

仰臥腿部推蹬

動作特性

本動作是強化腿部肌群的多關節訓練動作，透過不同的訓練擺位角度，來增加臀部與腿後肌群的運用。

訓練方式

仰臥到機台上，讓背部得到穩定的支撐。輪流舉起雙腳踩住上方的踏板，確認軀幹與下肢完全穩定後，拉開安全卡榫讓踏板的負荷開始往下承重。

離心屈曲髖關節與膝關節到股四頭肌貼到身體後，就可以用力往上推蹬回到起始位置，維持穩定的節奏速度反覆動作。

藉由仰臥腿部推蹬機台，可以增加腿後肌群整體伸展收縮的範圍。

動作要訣

雙腳腳掌在踏板上的位置，分得越開越能增加大腿往下離心階段的活動空間。

補充說明

和之前許多搭配機台的訓練動作一樣，雙腳腳掌的擺位會影響下肢肌群的作用比例，如果雙腳踩在接近臉部正前方的高度，便能提高髖關節與腿後肌群的參與。如果雙腳踩在接近骨盆正下方的位置，對於股四頭肌的刺激便會提升。

多數腿部推蹬機台不外乎下列兩種模式：

■ 座椅和踏板的角度越接近平行，越能提高腿後肌群的參與比例。

■ 若是座椅和踏板的角度相對垂直，對於股四頭肌的刺激程度越高。

雖然在踏板到底部時，配合骨盆後傾抬起臀部可以增加部分的活動範圍，但改變骨盆位置會影響下背整體的穩定度，因此本書並不建議這樣的作法。

變化動作

1 史密斯版本仰臥腿部推蹬：這種變化方式在健身房相當流行，但因為用腳掌直接踩踏槓鈴相對容易滑脫，需要先具備穩定的動作控制能力，因此我們並不建議初學者採取這種替代方式。

2 將一般水平坐姿的腿部推蹬機台座椅，盡可能調整到接近踏板的平行程度也可以有類似仰臥推蹬的訓練效果，會比單純拉高腳掌踩踏位置來得自然，並可以減少髖關節壓迫的感覺。

3 雖然一般水平的腿部推蹬和仰臥垂直的腿部推蹬在關節動作上很相似，但仰臥垂直推蹬的作法相對可以提高腿後與臀部肌群的感受，並減少膝關節的壓力。

動作優勢

仰臥腿部推蹬透過不同的身體擺位與垂直的施力角度，來訓練整體下肢大肌群，並提高臀部肌群的伸展收縮範圍來加強感受度，因此在體態雕塑的訓練中特別受到許多女性喜愛。

缺點

現階段多數的仰臥推蹬機台還是採用直線動作軌跡的設計，就如同前面說明過這樣的設計相對不利於髖膝關節自然的力學角度，也會影響訓練的舒適度與效益，目前採取弧線設計的機台還尚未普及。

訓練風險

很多人會為了可以增加推蹬的範圍，在離心階段容易讓骨盆後傾使下背彎曲。雖然這種作法確實可以提高臀部肌群的感受度，但也增加了腰椎椎間盤壓迫的風險，而且在核心不穩固的情況下，腿部推蹬的肌力也很難完全發揮，因此本書並不建議這樣的代償方式，任何變化動作都應該以安全有效的方式為前提。

補強腿後肌群

腿後肌群往往是肌力訓練中常被忽略的一環，然而在前面章節介紹的許多下肢多關節運動中，即便是以股四頭肌為主的動作，過程中還是需要腿後肌群很大程度的參與才能完成。

同時腿後肌群也是在訓練上相對容易令人感到挫折的部位，一般人藉由訓練可以很自然地提升腿後肌力，但卻很難促進該部位的肌肥大效果。通常只有少數腿後肌群比例相對較長的人可以有較佳的肌肥大適應，多數人都會受限於該肌群先天的結構特性。接下來將會詳細說明腿後肌群在訓練上常見的問題以及對應的解決方式。

腿後肌群的解剖構造與組織型態

下肢的骨骼結構是影響腿後肌群外觀型態的先決條件，尤其是肌肉起始點的附著位置，也就是位於骨盆後側下方的坐骨（ischiums），即坐下時支撐體重的位置。腿後肌群上端的起始點就附著在坐骨粗隆上（ischims tuborsity），而坐骨粗隆的相對位置就會影響腿後肌群在外觀上的顯著程度。假設相同大小長度的腿後肌群：

■ 如果坐骨粗隆先天位置偏向臀部的外側，代表腿後肌在起始點的位置也向外偏移，即使肌肉本身沒有特別肥大，在外觀上也會比較顯著。

■ 但如果坐骨粗隆先天位置靠近內側，會使腿後肌群整體的肌肉弧度偏向大腿內側，即使有較大的肌肉量，在外觀上也會相對不明顯。

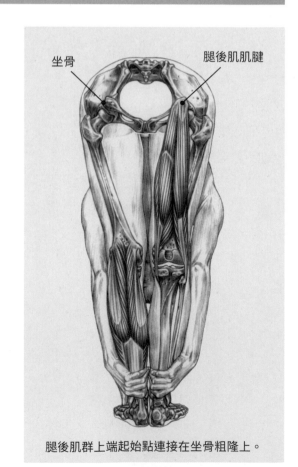

坐骨　　　　　　　腿後肌肌腱

腿後肌群上端起始點連接在坐骨粗隆上。

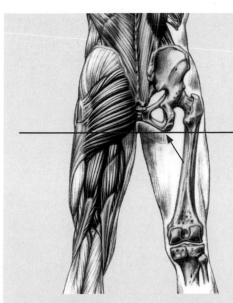

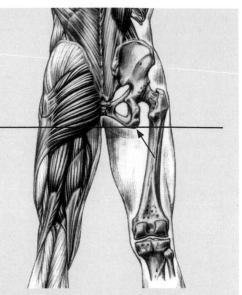

如果坐骨粗隆偏向內側，相對會讓腿後肌群在外觀上較不明顯。

偏向外側的坐骨粗隆，有利於凸顯腿後肌群的肌肉線條。

腿後肌群與臀部肌群在人體結構演化上的角力

研究發現在人體結構演化至今的過程中，腿後肌群與臀部肌群之間一直存在有空間上（甚至是肌肉主導權上）的角力競爭。過去當臀部肌群往下涵蓋到股骨上方，會壓迫到腿後肌群的發展空間，導致腿後肌群附著的起始點位置更低、肌肉更短，而這樣的空間分配也讓臀部肌群在下肢多關節動作中佔據更有利的主導地位，同時也會影響腿部前側肌群的發展。

我們藉由演化史上的觀察可以應證到訓練上所遇到的問題，對於先天腿後肌較短的人來說，不只會影響到肌肉線條的外觀，在肌肉徵召與感受上也會相對困難，因此即使投入相同的肌力訓練量，肌肥大的適應效果也往往不如預期。

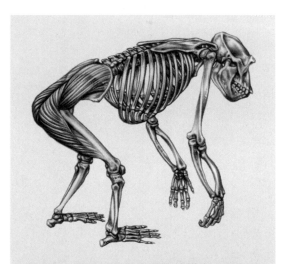

在遠古人類祖先的肌肉骨骼結構中，可以很明顯看到臀部肌群佔據了較大的涵蓋範圍，因此影響到腿後肌群的發展與肌肉長度。

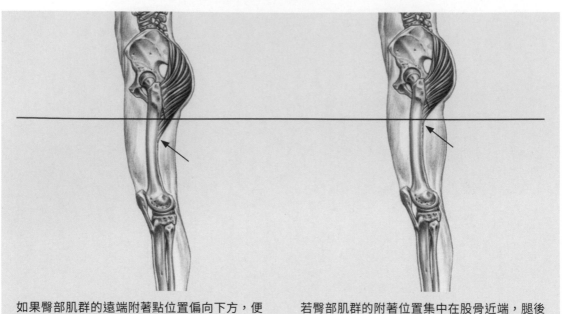

如果臀部肌群的遠端附著點位置偏向下方，便會減少腿後肌群的發展空間。

若臀部肌群的附著位置集中在股骨近端，腿後肌群就有相對較大的發展空間。

相對來說，如果臀部肌群在股骨的附著點較高，腿後肌群在近端的起始點就會有更多發展空間，也會有較長的肌肉長度利於肌肥大的效果。同時在髖關節的動作中，腿後肌群也更有機會成為主導肌群並提高感受度。

另外，股骨先天的長度也會影響腿後肌群的發展，在其他條件都相同的情況下，身材與腿部比例較高的人，如果要發展出同樣的肌肉線條，要比身材比例較矮的人訓練出更多的肌肉量才能達到這個目標。

藉由解剖結構與組織型態來預判腿後肌群的訓練適應效果

在綜合考量上述的四個影響腿後肌群的先天因素（坐骨粗隆位置、臀部肌群大小、腿後肌群長度以及股骨長度）之後，教練便可在一定程度上掌握運動員在對於腿後肌訓練的適應情形。當然如果你的腿後肌先天受限的條件越嚴苛，就必須花費更多的努力來投入訓練，這凸顯解剖與組織型態學在科學訓練上的

重要性，如果能夠在訓練前先了解自己在解剖構造上可能受限的因素，就能避免花了兩三年時間後才察覺某些部位可能是自己應該補強的弱鏈。因此在安排訓練處方時就要將這些可能潛在的弱鏈納入考量，以免到最後才懊惱腿後肌群的成長為何總是不如預期。

上述觀點都是以解剖與組織型態為主要考量，但在實際訓練上，教練要能區辨腿後肌群的肌肥大效果不彰，是因為解剖構造上坐骨粗隆的位置偏向內側，或者是因為肌肉本身肌纖維型態或肌纖維數量不足，當然也有少數的人會同時遇到組織結構與肌纖維型態數量這兩種受限因素。

搭配內收肌訓練來輔助腿後肌群

要能完整凸顯腿後肌群的肌肉線條，除了前面提到的許多條件之外，強化內收肌群也是不可或缺的輔助訓練，甚至能提升下肢整體動力鏈的穩定性。首先在經過完整肌肥大適應的內收肌群，可以在空間上推擠股四頭肌與外側腿後肌群，讓這兩大肌群在視覺上看起來更肥大。此外，內收肌群部分的肌肉同時也會參與腿後肌群作共同收縮動作，因此訓練內收肌群也會幫助改善腿後肌群的收縮模式。

腿後肌訓練常見的問題：

『膝蓋疼痛還可以訓練腿後肌群嗎？』

膝蓋疼痛並非停止腿後肌群訓練的首要考量，要先經過完整的評估了解疼痛形成的原因。事實上，適度的強化腿後肌群更可以達到在運動中保護膝關節的效果，而常見誘發膝蓋疼痛的形式有以下兩種：

1 膝蓋只有在單關節動作中才會誘發疼痛

如果你的膝關節疼痛只會出現在膝關節單一動作的腿後肌訓練，通常可能是該部位的疲勞或發炎所引起，這時候當然最保守的方式就是避免任何膝關節的活動來加速組織復原。

而在這種情況下要補強腿後肌群的替代方案就是改成以髖關節為主的訓練動作，例如羅馬尼亞式硬舉，試著調整到不會造成膝蓋不適的角度來執行硬舉。當然如果你認為硬舉的強度可能過高，也可以藉由羅馬椅固定下半身來加強以髖關節為主的腿後肌群訓練。

另外一種方式則是同樣做腿部屈曲的訓練（坐姿或站姿皆可），但會調整成盡可能減少膝關節活動的替代版本來降低誘發發炎反應的機率，稍後就會說明。以上這些方式都可以藉由搭配之前介紹過的先期疲勞超級組的訓練模式，這樣不論你接下來想要執行硬舉或者其他形式的腿部屈曲訓練，都可以減輕訓練負荷或組數來達到足夠的訓練適應，同時避免關節受到太高強度刺激產生疼痛。

2 膝蓋的任何移動或負重都會誘發疼痛

如果任何膝關節的移動或負重都會誘發疼痛，那在復原期間就必須避免任何需要膝關節參與的動作，舉例來說可以搭配臀部訓練機台以屈膝的方式伸展髖關節來訓練腿後肌群，又或者使用纜繩機搭配高滑輪坐直膝腿部下壓。大原則就是找到不會誘發膝蓋疼痛的角度，並藉由移動髖關節來刺激腿後肌群。

除此之外，也可以考慮搭配血流阻斷訓練方式讓腿後肌以較輕的負荷完成訓練，並減低誘發疼痛的機率。同時肌肉電刺激也能夠在不移動任何關節的條件下有效刺激肌肉收縮，但要注意腿後肌群對於電刺激的反應較為敏感，容易在過程中感到不適或疼痛，因此必須特別小心控制電流強度。

腿後肌群不同區段在肌肉徵召上的差異：

『是否所有的腿後運動都會對整段肌群產生相同的刺激效果？』

過去許多研究，曾經針對各種不同的腿後運動對於腿後肌群在不同區段與肌肉各個連接點的肌肉徵召做出比對，想了解這些主要的區段或接點會在甚麼情況下有最顯著的收縮刺激（是在靠近臀部的區段、靠近膝蓋的區段或整段肌肉的中間部分呢？）

有關腿後肌肌肉徵召差異的研究限制

這類型的研究同樣是屬於運動科學研究的一種，因此也勢必會存在一定程度的研究限制，而通常第一種常見的限制就是受試者人的數量不足，如同前面介紹過腿後肌在不同個體間會有許多解剖與組織型態的差異，因此受試者的數量往往會直接影響統計結果的代表性。

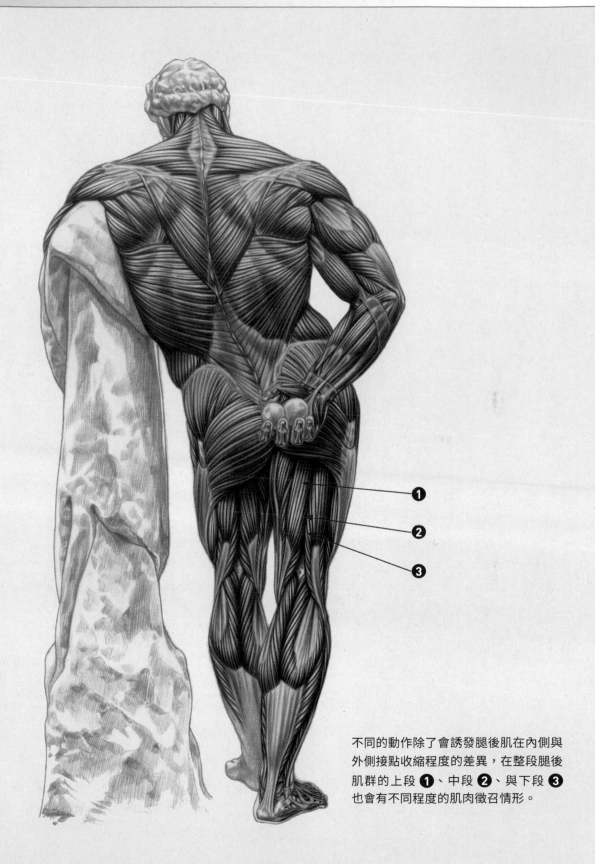

不同的動作除了會誘發腿後肌在內側與
外側接點收縮程度的差異，在整段腿後
肌群的上段 ❶、中段 ❷、與下段 ❸
也會有不同程度的肌肉徵召情形。

同樣在說明肱肌在神經支配數量的個體差異，也是經由足夠數量的人數統計與比對，才能得到相對精準的結果（見前面二頭肌的內容）[1]。

而通常這些運科研究最後都會歸納出一個平均統計的結果，但這些數據或機率嚴格說起來並不能完全等於實際的情況，當然也不能完全代表你可能遇到的情形。數據本身反映的是當時參與研究的所有受試者的整體情形，而這也是為什麼往往針對相同議題做出來的研究會有不盡相同的統計結果，因為只要你收集的受試族群不同，個體差異永遠都會存在並影響統計結果 [2-3]。

所以在本書中提到肌肉徵召情形的分類也是來自於這些研究數據，雖然相對客觀，但一定會存在與實際狀況不相符的地方，在參考了研究所統計的可能結果，也不忽略實際訓練時所需執行的各種評估，才能達到對症下藥的效果。

肌肉徵召的差異性可能比你想得更為複雜

當然，這些研究不只是要找出那些腿後動作分別會誘發內側或外側頭的腿後肌群（內側為半腱肌與半膜肌；外側為股二頭肌分別有長頭與短頭），更要將每條肌肉分成不同區段來比較肌肉徵召差異 [3-6]，結果也顯示出面對不同的腿後動作，即使在同一束的肌肉中也很難在所有區段都有相同程度的肌肉收縮，代表肌肉在起始點與終止點兩端的收縮其實並非同時完成 [2,3,5]。

不只如此，研究也發現即使在相同的腿後動作中，向心階段與離心階段的肌肉徵召也有很大的差異，更不用說在同一個個體中，慣用腳與非慣用腳的肌肉收縮形式也會有所不同，由此可知即便是簡單的單關節動作，同一束肌肉內的收縮運作也是大有學問。

這些研究結果可以帶給我們甚麼啟發呢？

上述研究結果解釋了腿後肌群在不同動作的收縮差異，以膝蓋單關節運動為主的動作（例如腿部屈舉）相對容易徵召到下半部分的腿後肌群。但像是硬舉或者搭配羅馬椅的伸髖動作，則會對上半部分靠近髖部的腿後肌群有較大的收縮刺激 [3,5,7]，這些都是我們過去訓練可能經歷過的感受。

當然不只有腿後肌群，過去我們可能會認為所有的肌肉都是以單一且完整的方式在進行收縮 [5-7]，但其實所有部位的肌群都會依照不同的關節動作、離心與向心的方向性或者動作本身的強度有不同程度或區段性的收縮，因此教練就必須在選擇訓練動作上具備更細膩的考量。

臀腿屈舉

動作特性

臀腿屈舉（Glute-ham raise 簡稱 GHR）同時包含髖關節與膝關節的動作，是屬於強化下肢後側鏈的雙關節動作。

這個動作最常見的變化方式便是固定膝蓋，以髖關節為主的單關節伸髖訓練。

訓練方式

將腳掌伸入 GHR 訓練椅的固定架中，並將大腿支撐在前方的保護墊上，伸直膝蓋讓軀幹向前自然彎曲到接近與地面垂直的位置，接著腳掌用力踏穩踏板，同時藉由腿後、臀部與下背肌群穩定的力量將軀幹往上拉起，把身體帶到與地面平行並和下肢形成一直線的高度。

接著開始屈曲膝關節，讓軀幹與大腿拉高到和小腿接近 90 度的位置，但要注意避免超過 90 度以維持動作過程中整體肌肉的張力。在最高點不需要特別停頓，就可以順勢再慢慢放下大腿與軀幹回到起始位置。

起始位置：在 GHR 訓練椅上讓軀幹和腿後完全伸展來增加活動範圍。

結束位置：藉由腿後與臀部肌群的力量將身體拉高，但要注意不要超過和小腿 90 度的位置以免重心轉移使肌肉張力降低。

補充說明

雙腳腳掌保持和深蹲或硬舉相同的寬度即可。

動作優勢

■ 臀腿屈舉也可以採用不需要移動膝關節的簡易版本，來訓練腿後與臀部肌群，對於有膝關節疼痛的人來說是很好的替代動作。

■ 這項訓練動作也可以單獨執行放下大腿與軀幹的離心收縮部分，對於想要預防腿後肌拉傷的運動員，可以達到加強腿後離心減速能力的效果，在底部可以用手直接把身體推起來跳過向心階段的動作以節省體力。

■ 可以依照個人能力或需求來決定軀幹往上的高度，避免下背承受過多的負荷。

缺點

臀腿屈舉的動作一旦習慣後就會變得相對容易，這時候就需要增加額外的負重來提升難度，但這些增加負荷的方式在執行上會改變重心位置也容易提高訓練風險（見 p.63）。

如果膝關節的活動會誘發疼痛，也可以將結束位置停在將身體拉到與地面平行的位置，同樣可以刺激到腿後與臀部肌群的收縮。但腿後肌群主要的收縮位置就會集中在靠近髖關節的區段，這種變化版本相對難易度較低，也可以在不移動膝關節的條件下訓練腿後肌群。

雙手可以抓住彈力帶或者槓片等負重來增加動作的難度。

訓練風險

開始動作前務必確保雙腳穩定固定在踏板上，因為動作過程中任何的移動都有可能導致背側肌肉拉傷，舉起軀幹的動作也建議保持穩定與協調的速度，並避免過度伸展下背導致腰椎的壓迫。

伸髖訓練

動作特性

伸髖訓練（Hip Extension）主要是強化腿後與臀部肌群的髖部單關節動作。本處主要以腿後肌群訓練為主，因此我們也會介紹如何調整動作來減少臀部的參與，並增加腿後肌群的作用比例。

補充說明

比起一般常見的腿後訓練動作（如腿部屈舉），伸髖訓練的優勢在於可以維持膝關節不動的情況下刺激腿後與臀部肌群收縮，對於膝蓋不適的運動員是很好的替代訓練動作。

動作要訣

在健身房中可以看到許多不同設計的伸髖訓練機台，有些腳掌往下、往後踏的方式帶動髖關節伸展，這種設計可以增加力矩但卻需要膝關節同時參與動作，因此比較不適合有膝關節病痛的族群。

如果你沒有膝關節的疼痛問題，那這種長力矩設計的伸髖機台，對下肢股四頭肌、腿後與臀部大肌群的整體參與就非常有幫助。

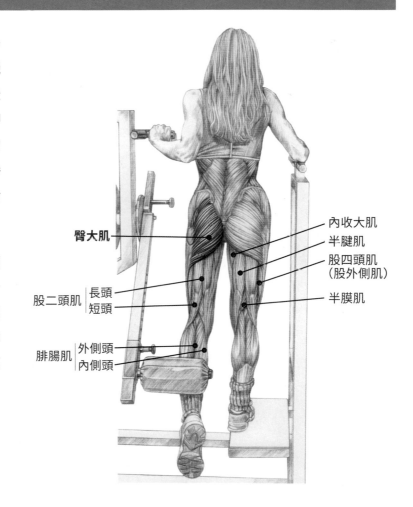

臀大肌

股二頭肌　長頭／短頭

腓腸肌　外側頭／內側頭

內收大肌
半腱肌
股四頭肌（股外側肌）
半膜肌

另外一種常見的伸髖機台是將阻力施加在小腿下段跟腱的位置，這種機台設計就可以避免膝關節參與動作。

但如果要達到相同的目的，我們更建議使用纜繩機搭配高滑輪，並將綁帶固定在腳踝的位置，同樣作伸髖訓練但卻可以有更大的活動範圍（見下圖與 p.229 示範）。

最後一種伸髖機台設計則是將阻力放在膝窩位置，這種設計因為力矩相對較短，需要腿後肌群更強力的收縮來完成動作，同時也是對膝關節負擔最低的方式，但這種做法比較不容易複製到纜繩機和滑輪的搭配上。

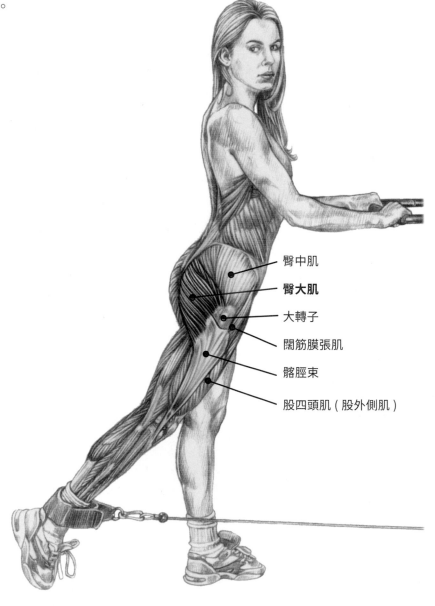

臀中肌

臀大肌

大轉子

闊筋膜張肌

髂脛束

股四頭肌（股外側肌）

膝後阻力設計的伸髖機台

單腳站立並將作用腳膝窩跨到機台的力臂護墊上，運用腿後肌群的力量將力臂向下壓到作用腳與支撐腳接近平行的位置，維持至少一秒的收縮狀態，再慢慢抬起膝蓋回到起始位置。過程中盡可能將感受度集中在腿後肌群而非臀部的力量。回到起始點時盡量提高膝蓋，讓腿後肌群有更完整的延展。

開始動作之前，請確保雙手及支撐腳維持好軀幹的穩定再開始用力。

結束位置通常只要停在支撐腳與作用腳平行的位置就可以訓練到腿後肌群，如果再繼續往後伸髖，相對臀部肌群的參與程度就會提高。

補充說明

使用膝後阻力的伸髖機台，膝關節保持伸直或屈曲的狀態都可以訓練。以膝蓋屈曲的方式開始動作通常會有比較好的感受度，讓腿後肌群更容易出力，同時屈膝的方式也會讓腿後肌群處在相對放鬆的位置，增加伸髖的動作範圍。

而直膝的伸髖方式，因為腿後肌群已經相對被延展，在伸髖動作的範圍就容易受限，這也是這兩種做法主要的差異，讀者可以依照個人感受或舒適度做調整。

另外一種變化方式就是在伸髖的過程中保持膝關節伸直。

配合腳踝綁帶與可調式滑輪的伸髖訓練

在作用腳的腳踝套上綁帶，並把扣環位置繞到小腿前方，支撐腳踩在槓片或其他較為平穩的東西墊高，讓作用腳可以微微懸空。將滑輪固定在自己肚臍左右的高度後，舉起作用腳準備扣上拉繩。柔軟度較差的運動員可試著彎曲膝蓋踩在滑輪的支架上，穩定後再扣住拉繩，扣好之後身體後腿支撐腳踩到槓片上，讓作用腳可以有足夠的活動範圍。伸直作用腳膝蓋後盡量藉由腿後肌群的力量去伸展髖關節，下壓直到兩腳接近平行的位置後維持收縮狀態至少一秒鐘，再慢慢地將作用腳舉回起始的高度，盡可能提高位置讓腿後肌群有更完整的伸展收縮範圍。

補充說明

■ 為了提高腿後肌群伸展收縮的完整度，在起始位置要盡量把作用腳抬到更高的位置。

■ 配合訓練難度的進階，可以拉高滑輪的高度來增加腿後肌群伸展收縮的活動範圍。

動作優勢

- 膝蓋疼痛的族群可以減少膝關節的活動，並維持腿後肌群的訓練強度。
- 如果沒有適合的腿後訓練機台，用纜繩機搭配滑輪的方式是很好的替代方案。

起始位置的高度取決於個人腿後肌群的肌肉柔軟度，作用腳抬得越高就越能增加接下來伸髖動作的活動範圍，讓肌肉收縮更完整。

在底部維持肌肉收縮至少一秒，讓腿後肌群有足夠的刺激。

缺點

雖然搭配滑輪的伸髖動作，可以讓你更專注在收縮作用腳的腿後肌群，但要比雙腳腿部屈曲機台花較多的時間。

訓練風險

如果你有膝蓋疼痛的困擾，除了伸髖的作用腳，也要注意減輕支撐腳的膝蓋負擔，雙手或單手可以扶助牆面或機台來增加動作穩定性。

擁有強壯大腿的最後一關：
內收肌群與縫匠肌

即使男女都有內收肌群與縫匠肌，但這兩塊肌群在健身房中卻常常被視為女性專屬的訓練動作。但在實際健美訓練的概念裡，這兩塊大腿內側肌群的訓練，對男性而言卻是擁有完整腿部肌肉線條的重要關鍵。

內收肌群的解剖構造與組織型態

完整的腿部訓練不單只有股四頭肌與腿後肌群，以知名健美名將 Tom Platz 的腿部為例，除了鍛鍊出相當發達的股四頭肌之外，真正讓他的腿部在視覺上看起來如此壯碩的卻是發達的內收肌群，這在當時其他健美選手中較為少見。通常雙腿間如果有明顯的空隙，就是代表內收肌群的肌肉質量不足，除了肌肉外觀線條上的困擾之外，這個問題甚至會影響到下肢整體的力學運作。

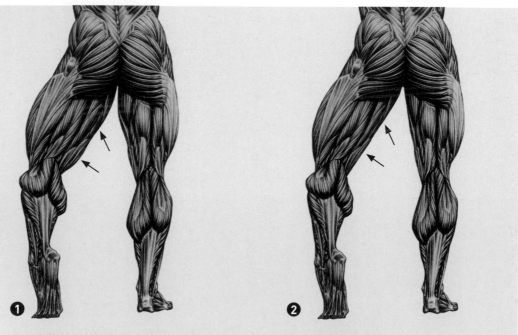

要有完整壯碩的腿部肌肉線條，內收肌群的肌肉質量扮演相當重要的腳色。
❶ 經過完整肌肥大的腿部型態，❷ 內收肌群質量不足。

如同之前提到內收肌群在協助腿後收縮與下肢穩定的重要性，這也是為什麼許多優秀健美選手或運動員會額外補強內收肌群的訓練。當然如果股四頭肌或腿後肌群是屬於你的弱鏈區塊，那同時補強內收肌群就更為關鍵。

改善腿後肌肌肥大問題

許多想要把大腿練得更壯的人，第一時間都會想到加強腿後肌與股四頭肌，這樣的想法並沒有錯，但往往會覺得肌肥大的效果不如預期，這裡我們可以從肌肉解剖的角度做出解釋。

因為腿後肌群和內收肌群在肌肉涵蓋範圍與功能上其實有部分的重疊，並非完全如同教科書上劃分得如此明確。靠近大腿內側部分的腿後肌群也會參與部分的內收動作。

同樣地，部分內收肌群也有和腿後肌群相同的動作功能，所以同理可證，藉由內收肌群訓練可以幫助讓腿後肌群在內側部分的肌肥大更為完整，同時對於強化大腿整體背側動力鏈也有助益。

理解到腿後肌與內收肌群在功能上重疊的特性後，除了一般單關節的訓練動作，我們更可以利用超級組的訓練模式來放大這個效果，同時讓內收與腿後肌群都得到更多的刺激。

例如在你完成一組坐姿或俯臥的腿後屈舉後，立刻接著坐上內收肌的訓練機台

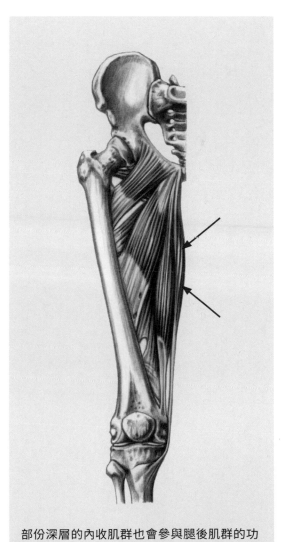

部份深層的內收肌群也會參與腿後肌群的功能動作。

繼續動作，當然相反的順序同樣也可以達到讓腿後肌群或內收肌群預先疲勞的效果。

同樣的例子也可以在完成一組寬站姿的相撲硬舉後，再接著搭配內收肌的單關節訓練動作。相撲硬舉相對一般硬舉更強調內收肌群的參與，藉由硬舉的大重量刺激可提高接下來單關節訓練的刺激效果。

同樣地，相反的訓練組合也可以先透過單關節內收動作先期（預先）疲勞後，再接著進行相撲硬舉。但採用這種順序就必須先降低硬舉的訓練負荷，因為在單關節動作後，先期疲勞的肌群同時也相對容易受傷，接著執行技術需求比較高的相撲硬舉，如果不減低負荷就容易增加訓練風險。

通常我們建議採用可以完成 15~20 下反覆的重量進行硬舉，同時也可以藉由高反覆次數來提高肌肉的燃燒感，當接近極限時可以先將槓鈴放下，合起雙腳改回一般的硬舉寬度繼續完成剩下的次數。

彌補肌肉量不足的股四頭肌

雖然股四頭肌和內收肌群並沒有在動作功能上有所重疊，但因為相鄰的解剖位置，讓內收肌群可以和股四頭肌在大腿前側的肌肉外觀上互相補足，尤其如果先天股四頭肌肌肉量較少或者股外側肌肌腹位置較高，都會使腿部線條相對薄弱，這種情況適度的加強內收肌就會有很大的幫助。

以健美的的方式為例，將雙腳微微打開、腳掌向外來凸顯內收肌群的線條，就可以在一定程度上彌補股四頭肌肌肉量不足或肌肉附著點較高的劣勢。

在訓練課表的安排上，因為股四頭肌和內收肌群並沒有和腿後肌群一樣有動作功能部分重疊的特性，所以如果只是搭配腿部伸展和腿部內收（或相反的順序也是）的單關節超級組訓練，除了節省時間之外，訓練加成的效果並不明顯。但在多關節的超級組訓練中還是有可以調整的方式。

舉例來說，以深蹲或腿部推蹬加上內收機台做組合的超級組訓練（配合增加雙腳腳掌間距來提高內收肌群的參與），在完成一組寬站姿的深蹲或者腿部推蹬後，立刻接著內收肌的單關節訓練，可以藉由大重量的深蹲或腿部推蹬來增加內收肌群的參與；或者以相反的順序先做內收單關節訓練，達到先期疲勞效果後再執行深蹲或腿部推蹬。

當然在這種組合就必須降低深蹲或腿部推蹬的重量來減少運動傷害風險，與前頁提到的腿後肌多關節先期疲勞的超級組訓練方式原理相同。

補充：上述的訓練方式對多數的人來說都可以改善腿部肌肉外觀，但少數人的腿部肌肉外觀類似胡蘿蔔形（股四頭肌在接近髖關節的部分肌肉較發達，但越接近膝蓋的肌肉量越少），同時內收肌群的肌腹也較短且集中在大腿上段的部分（也就是肌腱長度較長，常見於衝刺選手的腿部外型），這種先天腿部型態的人在經過內收肌訓練後，肌肥大的部分也會集中在上半部的大腿，很難填滿雙腿間靠近膝蓋的空隙，這種時候就必須特別再加強縫匠肌的訓練，來彌補接近膝蓋區段肌肉質量不明顯的問題。

健美競賽不可不練的縫匠肌

縫匠肌是屬於橫跨骨盆到脛骨的雙關節肌肉，因為附著在兩端的肌鍵較短，大大增加了肌腹的長度比例。

對多數人來說，縫匠肌的長度會略為大於股骨，因此縫匠肌主要的個體差異在於肌肉的厚度與本身的肌力，在相同的肌肉長度下，肌肉越肥厚就越能發展出更大的肌肉質量，進而在外形上線條更為顯著。

不過即使對於先天肌肉較纖細的族群雖然在肌肥大上會相對困難，仍可以透過縫匠肌的訓練來達到劃分內收肌群與股四頭肌的效果，幫助凸顯其他兩大肌群的線條外觀。

當然，訓練縫匠肌本身就可以彌補股四頭肌與內收肌肌腹較短的問題，因為擁有發達縫匠肌的族群相對少見，在外觀上就有轉移目光焦點的效果。

在接下來的內容會介紹特別獨立縫匠肌的訓練動作，來幫助你增加肌肉質量與肌肉線條。

縫匠肌可以達到轉移腿部目光焦點與改善整體肌肉線條的效果，
已經成為許多健美選手必練的肌肥大目標之一。

搭配機台的內收肌訓練

動作特性

市面上多數的內收訓練機台都是以髖關節內收為主的單關節訓練器材，最直接的方式就是透過內收大腿來訓練內收肌群。因為內收肌在沒有外加阻力的情況下，通常不太容易感受到肌肉收縮，所以內收肌台在許多健身房中都會是必備的輔具。

訓練方式

坐上內收肌台後，將大腿內側靠緊兩端力臂上的緩衝墊，用力收縮內收肌將兩側力臂往中間靠攏，在中心位置維持肌肉收縮至少 2 秒鐘，再慢慢回到起始位置準備下一次的動作。

動作要訣

在使用前務必調整兩次力臂的角度來配合自己髖關節的活動範圍，若夾角過大可能會導致肌肉拉傷。訓練過程中盡量維持平穩協調的動作節奏。

變化動作

雖然多數內收機台都是採取坐姿的訓練方式，但主要還是可以細分成下列兩種訓練變化方式：

1 直腿內收的訓練機台： 以膝關節伸直的方式做內收是屬於較為早期的訓練機台設計，雖然比起第二種屈膝的內收機台來說較為少見，但還是有很多特定的優勢存在。膝蓋伸直的設計可以容許髖關節在內收的同時做內外旋的調整，來影響腿後肌群參與的比例。將腳掌轉向外側約 45 度的位置，可以增加內側腿後肌群參與內收動作的比例。利用特別的擺位調整來加強腿後肌群的參與，有助於解決腿後肌群的弱鏈問題，並填滿雙腿之間的空隙讓腿部看起來更加壯碩。

2 屈膝內收的訓練機台： 現在一般健身房中較為常見的機台都是屬於這種新式的屈膝內收設計。雖然在屈膝 90 度的狀態下，髖關節很難做出內外旋的調整，無法運用腿後肌群與內收肌群動作功能重疊的特性，但這種設計的優點在於可以讓內收肌群在屈膝 90 度的情況下得到最完整的發力位置，更能專注於內收肌群的肌力訓練。

腳尖向外的方式在感受上會較難發力,但卻可以增加內側腿後肌群的刺激。

可以在同一組訓練過程中做出調整,先以腳尖向外的方式開始內收訓練,當疲勞感累積到一定程度時再調整回到正常擺位(腳尖朝前),轉換回內收肌群為主的收縮方式完成剩下的反覆次數。這種做法就是利用腿後肌群與內收肌群動作功能重疊的優勢,讓兩者在肌力上可以互相彌補來克服疲勞感。

超級組訓練菜單

假設在最理想的條件下,你的訓練環境同時有這兩種不同設計的內收訓練機台,就可以嘗試以下的超級組訓練方式。第一組先用直腿內收機台,並將雙腳外旋來增加內側腿後肌群參與內收動作的比例,當腿後開始感到無力時,調整成正常腳尖朝前的方式繼續動作,直到疲勞感再次出現就可以更換到屈膝內收肌台,藉由屈膝 90度的方式讓內收肌群更容易發力來對抗肌肉疲乏感繼續訓練,這就是內收動作完整的超級組訓練方式。

不過,本書不建議讀者採用相反的順序做超級組訓練,因為直腿內收的方式相對不容易發力,如果放在最後再加上肌肉疲乏的累積,反而容易降低整體訓練的效率。

以屈膝 90 度的方式會讓你覺得內收動作更為有力,但這種方式主要就是以內收肌群的收縮來完成動作。

上述的這種多組數的超級組訓練菜單，也非常適合以下兩種目標群：

■ 想要雕塑腿部線條的女性族群，可以藉由超級組的內收訓練以輕負荷、高反覆次數的方式達到減脂效果，同時讓腿部線條更為精實緊緻。

■ 想要增加腿部肌肉質量的男性族群，可以增加訓練負荷來提高肌肥大的刺激效果。比起一般深蹲或硬舉的多關節動作，內收肌的超級組訓練相對風險較低，許多尚未建立足夠內收肌力的初學者，往往會在深蹲或硬舉中拉傷肌肉，因此也可以先透過超級組的訓練方式來強化內收肌肌力。

補充說明

藉由雙手輔助，可以提高內收動作在向心與離心階段的訓練強度：

1 在每一組剛開始時，雙手可以用力向外扳動，來增加離心階段的負荷。

2 當肌肉開始疲乏，雙手可以由外向內推動，來輔助向心階段的內收動作。

當肌肉開始感到疲乏，便可停止雙手在離心階段的阻力，雙手由外向內推來輔助向心階段的內收動作，藉此盡可能增加更多的反覆次數直到力竭。

內收訓練比其他肌力訓練的動作範圍相對較小，如果以正常速度進行，通常在肌肉感到疲乏前就會完成訓練，這時候可以借助雙手的輔助來加強負荷並減緩整體訓練的節奏，特別是提高在離心階段的感受度。首先以正常的方式向心內收大腿，然後雙手扶住緩衝墊或力臂用力向外扳動，雙腳繼續維持一定程度的張力抵抗雙手的力量，慢慢外展回到起始位置。

這段過程就是藉由雙手來加強內收肌群在離心階段的緩衝減速能力，之後再放開雙手回到原本向心的方式內收大腿，一旦習慣這種動作節奏，在向心階段時也能借助到離心階段雙手施力所儲存的部分肌肉彈性位能，讓向心動作更為順暢有力。

小技巧

從預防傷害的角度出發，其實可以在進行下肢大重量訓練前，先執行一到兩組輕負荷的內收動作來暖身活化肌肉，但務必拿捏好適當的訓練量，以免在訓練時內收肌群過度疲勞。而在主要訓練結束後，則可增加額外組數的內收訓練來提高對肌肉的訓練刺激，降低日後肌肉拉傷的運動風險。

動作優勢

透過機台的輔助，可以讓你輕鬆有效率的完成內收肌群的訓練，千萬不要等到在深蹲或硬舉時不慎拉傷內收肌群，才理解到這些肌肉的重要性。

缺點

雖然使用機台訓練受傷的風險較低，但錯誤的訓練方式還是有可能拉傷內收肌群（訓練負荷過重或者高估自身髖關節活動度），即便使用相對容易發力的屈膝內收機台也不能低估潛在的傷害風險。

訓練風險

避免高估自己髖關節的活動度而導致內收肌群的拉傷，必要時必須使用機台的保護樁來限定安全活動範圍，或者藉由雙手輔助讓力臂夾角保持在自己可以控制的角度以內。

坐姿縫匠肌訓練

動作特性

雖然縫匠肌是屬於橫跨髖關節與膝關節的雙關節肌肉，但初學者很難在第一時間就準確感受到縫匠肌的收縮，因此接下來介紹的動作主要是以肌肉活化和神經肌肉控制為主的方式。

有別於一般下肢多關節訓練多使用大重量來增加肌肉質量，縫匠肌的訓練動作強調先以自身腿部重量的負荷來學習喚醒並控制肌肉。

訓練方式

坐在地上、雙腳放鬆向前伸直並自然分開與肩同寬，雙手支撐在身體後方維持軀幹穩定，將作用腳的腳跟拉到對側腳的膝蓋外側呈現類似翹腳的動作，過程中盡可能提高作用腳的高度同時保持對側腳穩定貼住地面。

屈曲到最高點時保持至少 1 秒的收縮後再放鬆伸直作用腳回到起始位置，作用腳在移動過程中微微懸空保持肌肉一定程度的收縮，只有在起始位置會接觸地面和結束位置會接觸對側膝蓋，完成動作後立刻交換對側腳執行相同的動作。

起始位置

結束位置：保持至少 1 秒的肌肉收縮，讓縫匠肌有足夠的訓練刺激。

補充說明

■　盡可能把作用腳的腳跟提高到超過對側腳膝蓋以上的高度，讓縫匠肌可以更完整的收縮，但過程中如果感覺關節有任何摩擦的聲響，就先縮小動作範圍和放慢速度。

■　通常初學者會為了盡可能拉高腳跟的位置而出現下背反弓的代償問題，這時候可以將背部靠在牆面，讓脊柱保持直立再來作縫匠肌運動，這種調整方式也會提高整體動作的難度。

動作要訣

很多人在剛開始訓練的時候會誤以為這項動作非常容易，這時候一定要堅持放慢動作以最標準的方式完成剩下的反覆次數。很快地，當腳跟開始抬不起來時，就會知道其實自己的縫匠肌並沒有想像中的有力。

變化動作

經過幾次地面上的縫匠肌訓練後，你開始熟悉如何準確控制與收縮肌肉，接下來有幾種變化方式可以提高縫匠肌訓練的動作強度：

1 同樣以坐姿的方式，但改成坐到椅子上增加高度。

2 以站姿的方式提起腳跟增加重力。

3 最後可以在站姿的狀況下搭配腳踝的負重沙袋、腳踝綁帶與低滑輪或者配合適當組力的彈力帶。

坐在健身椅上，同樣將作用腳腳跟舉到對側膝蓋：❶ 起始位置，❷ 結束位置。

單腳站立的方式，將作用腳腳跟舉到對側膝蓋高度：❶ 起始位置，❷ 結束位置。

小技巧

縫匠肌的站姿訓練中，可以將空出的手放在作用腳的縫匠肌上方，來提高神經肌肉的控制與感受度。同樣地，在每一組動作肌肉疲乏開始累積時，也可以用手輔助來減輕部分的負荷，盡可能完成更多的反覆次數。

超級組訓練菜單

本書在縫匠肌的訓練編排上，建議可以採用先期疲勞的超級組模式，也就是先執行前頁介紹的縫匠肌獨立運動後，立刻接著進行內收肌群的訓練動作，這樣的方式除了可以促進縫匠肌的肌肥大效果，更可提高縫匠肌在內收動作中的感受度。

但這樣的超級組菜單建議安排在整組下肢訓練結束之後作補強，避免在主訓練的下肢多關節運動中肌肉過度疲勞。

動作優勢

藉由縫匠肌的獨立訓練動作，可以提高肌肉感受度與神經肌肉控制的能力，有助於提升內收動作與其他下肢多關節運動的表現。

缺點

前面介紹的縫匠肌運動，主要目的是為了提高肌肉感受度與控制能力，來促進其他多關節運動的表現，可以做為訓練前的暖身活化動作，因此並不太適合當作肌肥大的訓練動作。

而對於有膝關節或腹股溝疼痛問題的運動員，必須經過評估後再進行訓練。

訓練風險

不建議使用大重量的負荷來進行縫匠肌訓練，避免膝關節在運動過程中承受過多的剪力而導致韌帶受傷。

解析小腿肌群發展不均背後的原因

相關生理特性

收縮強度不對等的小腿肌群

人體中有許多重要的肌群,是由許多不同分支的肌束匯集在共同的肌腱所形成。在小腿的部分就是由腓腸肌的內外側頭,加上深層的比目魚肌一起連接到跟腱(也就是阿基里斯腱)來構成。由於在運動過程中,這些分支的肌束個別收縮的程度並不相同,長期下來導致小腿肌群在外觀上會有肌肉發展不對等的現象。

過去研究發現[1],在進行小腿常見的運動例如舉踵時,內側的腓腸肌會比外側頭有更強烈的收縮程度。而即使在同一個分支的肌束中,靠近膝蓋的區段也會比靠近跟腱部分的肌纖維有更完整的肌肉徵召。

雖然這份研究未必符合每個人的肌肉運作情況,但卻可以幫我們歸納出肌肉收縮的幾個特性:

- 在相同的動作中,不同分支的肌束有不同的收縮強度。
- 在相同的肌束中,不同區段的肌纖維有不同程度的肌肉徵召。

上述的這些原因就會導致小腿肌群在肌肥大適應效果上面的差異。如果要試著解決這些發展不對等的現象,就必須在訓練編排中增加許多不同層面的變項,去帶給肌肉不同方向與不同程度的刺激。

通常可以調整的方式有以下幾種:

1 身體擺位

2 膝關節屈曲角度

3 雙腳間隔

4 腳尖方向

5 踝關節的角度範圍

6 訓練負荷與次組數的編排

接下來會介紹如何在小腿運動中加入這些變項的考量以作出調整。

腰帶負重的舉踵訓練

動作特性

這是以腓腸肌和比目魚肌為主的單關節訓練動作，配合腰帶深蹲專用的機台來負重可以減少下背的負擔，比起傳統的舉踵機台，上半身不會受到限制，可以有更多姿勢的變化。

訓練方式

穿戴好腰帶，將雙腳踩到適當的位置讓腳跟懸在踏板邊緣外側，踝關節背屈讓身體順著負重下降，維持在最低點的伸展位至少 1 秒鐘後，用小腿後側肌群的力量將腳跟踮起，在最高點同樣維持肌肉收縮至少 1 秒鐘後再放下腳跟回到起始位置，再次反覆動作。配合腰帶負重的方式，上半身可以有其他不同的擺位方式（見下頁）。

補充說明

腰帶負重的方式大大提高了身體的自由度，目的是可藉由不同的姿勢擺位，來改變舉踵動作中主要的肌肉徵召區段。以下有幾種變化方式可以參考：

1 軀幹的擺位（基本上不會受到太多限制）：因為腓腸肌屬於橫跨膝關節與踝關節的雙關節肌肉，基本上可以藉由軀幹前後傾斜的程度來改變腓腸肌的長度或張力，這種調整的自由度是過去傳統的舉踵機台、腿部推蹬機台或者彎腰式的舉踵機台（bent over calf raise）所無法辦到的，腰帶負重的優勢，讓上半身可以由直立到彎腰的範圍內選擇適合的訓練姿勢。

2 膝關節的角度：一般來說，不論是膝蓋微彎或者伸直的舉踵方式都是可行的，主要的差別在於對腓腸肌的感受度不同。對於小腿比例較短的人來說，伸直膝蓋可以相對提高小腿後側肌群的感受度；而小腿比例較長的族群，則建議以膝蓋微彎的方式進行舉踵訓練。

3 雙腳間距：腰帶深蹲專用機台通常會比傳統舉踵機台或腿部推蹬機台有更寬的踏板，基本上可以依照訓練需求來調整雙腳腳掌的距離。

4 腳尖的方向：相對上述其他的因素來說，本書建議把腳尖方向當作次要的調整變項，因為只要腳尖往內或往外偏離前方越遠，小腿肌群就越不容易發揮原本的肌力，但還是可以透過些許向內（轉向大拇趾也就是內八的方向）或些許向外（轉向小拇趾也就是外八的方向）來改變小腿肌群內外側的肌肉徵召程度。

5 在進行大重量訓練或者小腿肌群相對疲乏的時候，就要注意把腳跟往前收回到踏板上方，避免讓腳跟往下低於踏板。這樣的調整方式雖然會減少肌肉伸展的範圍，但可以避免過重的負荷導致拉傷，同時全腳掌踩穩踏板後再踮起，會相對原本的方式更容易出力。

6 最後一項可以調整的變項就是訓練的負荷與組數，基本上也可以透過超級組的方式，來將小腿肌群的刺激盡可能提高。

超級組訓練菜單

在作舉踵訓練時，軀幹越接近直立，身體的重量就越集中在小腿上。隨著身體向前傾的角度增加，上半身重量會有部分轉移到支撐在前方協助穩定的手臂上，相對小腿的負荷就會減輕，因此我們可以藉由軀幹傾斜的角度來調整負荷，設計超級組訓練的方式。

剛開始先以身體站直的方式進行舉踵訓練，當肌肉疲乏感開始累積，再將上半身向前傾來減低負荷，繼續完成更多的舉踵次數，同時也可以從不同的角度去刺激小腿肌群。

藉由調整雙腳之間的距離，可以改變小腿肌群不同區段肌肉徵召的比例。

動作要訣

■ 如果訓練環境沒有腰帶深蹲專用的機台，也可以將腰帶的負荷改成槓片，或者橫跨過史密斯機台將腰帶連接到槓鈴上作負荷（請參考腰帶深蹲的變化動作 p.208）。

■ 將腰帶與負荷連接的綁帶換成足夠磅數的彈力帶，可以增加整體舉踵動作的動態性，特別是在離心階段能提高對肌肉的感受度。

變化動作

結合前面歸納的許多調整方式後，基本上配合腰帶負重的舉踵訓練可以有三種主要的變化：

1 正常站姿。

2 上半身前傾 45 度，接近斜板胸推的角度。

3 上半身前傾 90 度。

❶ 肌肉伸展位，正常站姿。　❷ 肌肉伸展位，上半身前傾 45 度。　❸ 肌肉收縮位，上半身前傾 90 度。

動作優勢

腰帶負重的舉踵訓練不只可以減輕下背的負擔，還可以結合上半身的角度來調整負荷變化，同時也不會像傳統舉踵機台有壓迫肩頸的問題。

缺點

比起搭配腿部推蹬機台的舉踵訓練來說，腰帶負重的舉踵方式通常運動員的身體姿勢不太容易自我檢視肌肉收縮情形，也沒辦法像腿推蹬機台可藉由雙手觸摸肌肉來提高神經肌肉連結與感受度。

訓練風險

訓練時務必小心！在離心伸展的階段避免腳掌滑出踏板，作舉踵訓練前請確保訓練鞋有足夠的摩擦力來固定前腳掌的位置。

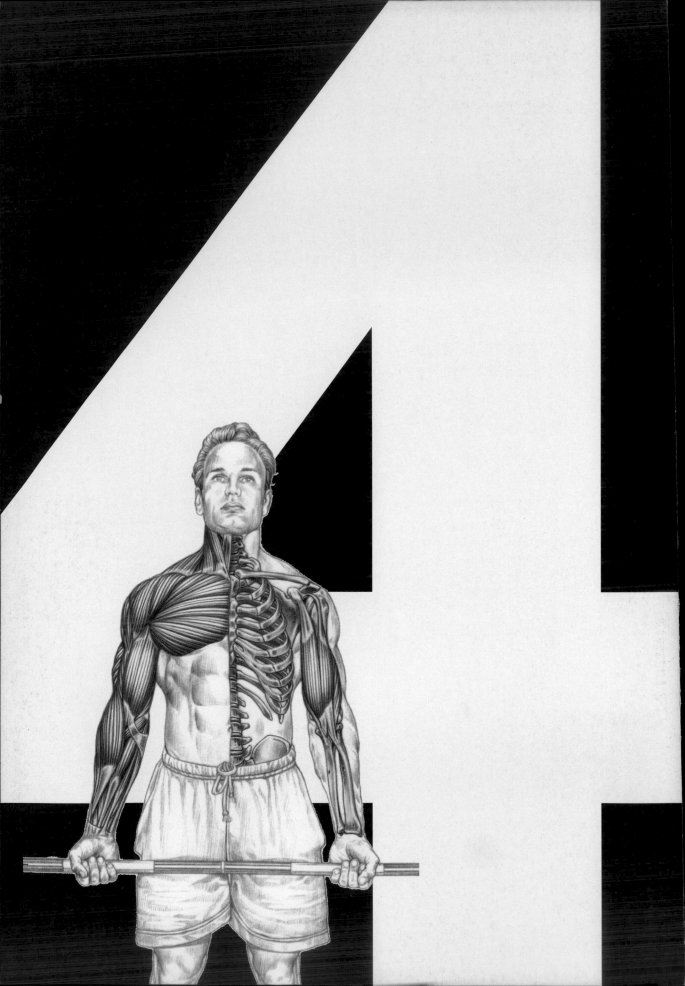

進階訓練課表

進階肌肉活化暖身訓練課表

要能正確有效的完成肌肉暖身與活化，首先必須先了解各個訓練部位可能潛在的傷害風險，這些準備運動必須能針對身體較為脆弱的環節，或者運動員本身疼痛的部位作出改善。好的暖身規劃必須具備系統性、不省略任何步驟並且有完整的運動科學根據來執行。

背部訓練潛在的傷害風險

- 遠端肱二頭肌的撕裂傷
- 肩關節、肘關節與腕關節的勞損
- 腰椎椎間盤的壓迫
- 肱二頭肌長頭與短頭過度延展與拉傷
- 肱三頭肌與前臂小肌群的損傷

肩部訓練潛在的傷害風險

- 肩關節、肘關節與腕關節的勞損
- 腰椎椎間盤的壓迫
- 肱二頭肌長頭過度延展與拉傷
- 肱三頭肌與前臂小肌群的損傷

胸部訓練潛在的傷害風險

- 肱二頭肌長頭與胸大肌肌腱過度延展與拉傷
- 肩關節、肘關節與腕關節的勞損
- 肱三頭肌與前臂小肌群的損傷
- 肘肩腕部關節產生不適感
- 遠端肱二頭肌的撕裂傷

上肢訓練潛在的傷害風險

- 肱二頭肌、肱三頭肌與前臂小肌群的損傷
- 肩關節、肘關節與腕關節的勞損
- 腰椎椎間盤的壓迫

下肢訓練潛在的傷害風險

- 膝關節的損傷
- 腰椎椎間盤的壓迫
- 髖關節的損傷
- 股四頭肌、腿後肌群、內收肌群與小腿肌群的撕裂與拉傷

在做深蹲訓練時，對於身體比例較為修長的運動員來說，雙手抓住槓鈴背槓的動作也有可能會造成二頭肌長頭的不適，因為上肢比例較長，要抓緊槓鈴相對肩關節往後伸展的範圍就會增加，因此雖然深蹲是屬於下肢多關節運動，訓練前還是有必要先將二頭肌充分伸展暖身。

補充：肌腱在生理結構上因血管分布的數量比肌肉本身更少，所以當訓練部位的肌群有較長的肌腱時（例如小腿肌群與跟腱），就必須花更多的時間在暖身活化上，讓肌腱也能得到充分的準備。

基礎暖身活化訓練

不管你今天主要訓練的目標肌群是哪裡，我們都建議在訓練前先做一組適當數量的腹捲加上 30 秒的棒式來活化核心肌群，然後至少做一組下列介紹的兩種前臂暖身動作，並完成 50 到 100 下的反覆次數。如果你有前臂或腕關節的病史，更建議至少在訓練前完成 2 組的暖身動作，並在第二組稍微增加一點強度。

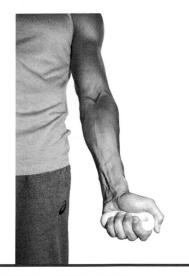

任何會使用到上肢的肌力訓練前，都必須先有完整的前臂小肌群暖身運動，包含掌指關節與指間關節的伸展 ❶ 與屈曲 ❷ 運動。

最後再搭配至少一組 20 到 50 下的肩關節內旋與外旋暖身運動。可參考下頁圖中示範教練使用的彈力帶做為訓練阻力。

第二種訓練前必備的暖身動作，就是肩關節的內旋運動 ❶ 與外旋運動 ❷。

進階暖身活化訓練

在完成必備的基礎暖身活化之後，接下來會介紹拆解成上下半身兩大區塊為主的進階暖身動作。每個動作建議以輕負荷的重量完成每邊 20 到 30 下的反覆次數，動作之間連貫不休息。如果你覺得一組循環的暖身效果不夠充分，可以接著

再反覆一次循環，當完成所有暖身動作後就可以開始今天主訓練的第一個動作。

記得每個動作也至少預留一組重量較輕的暖身組，讓肌肉先適應接下來的動作模式。

上半身訓練前的暖身流程

1 二頭肌屈舉（目標：活化肱二頭肌與肌腱）

2 側平舉（目標：活化肩關節同時喚醒棘上肌，並讓肱二頭肌長頭在結節間溝滑動得到足夠的潤滑）

3 前平舉（目標：活化前三角肌與肱二頭肌長頭肌腱）

4 直立上拉（目標：活化肩關節、斜方肌群與棘上肌）

5 直腿硬舉（目標：喚醒下背核心肌群）

6 高滑輪肱三頭下拉（目標：活化肱三頭肌長頭與肘關節）

7 前傾側平舉（目標：活化後三角肌與上背部肌群）

下肢訓練前的暖身流程

1 原地舉踵（目標：活化小腿肌群來減輕膝關節負擔）

2 深蹲（目標：活化下肢主要關節與大肌群）

3 直腿硬舉（目標：活化下肢背側大肌群與下背核心肌群）

4 內收肌訓練（目標：活化髖關節與提高下肢穩定性）

改善弱鏈肌群的進階訓練課表

強化上肢肌群

課表 A：上肢訓練每週共計三次，其他各部位肌群維持每週訓練一次

第一天 上肢訓練

- 低滑輪肱二頭肌爆發力彎舉：以每組 8 到 12 下的負荷完成 5 組
- 直體雙槓推撐：以每組 12 到 20 下的負荷完成 5 組
- 反向肱二頭肌彎舉：以每組 15 到 20 下的負荷完成 5 組
- 高滑輪肱三頭肌爆發力下拉：以每組 12 到 15 下的負荷完成 5 組

第二天 肩部 / 胸部 / 背部訓練

- 站姿單臂啞鈴側平舉：以每組 12 到 15 下的負荷完成 5 組
- 斜板胸部飛鳥：以每組 15 到 20 下的負荷完成 3 組
- 硬舉，注意維持背闊肌穩定收縮：以每組 12 到 15 下的負荷完成 5 組
- 滑輪夾胸運動：以每組 12 到 20 下的負荷完成 4 組
- 背槓聳肩運動：以每組 12 到 20 下的負荷完成 3 組

第三天 上肢訓練

- 窄握平地臥推：以每組 6 到 12 下的負荷完成 5 組
- 低滑輪肱二頭肌爆發力彎舉：以每組 12 到 15 下的負荷完成 5 組
- 高滑輪肱三頭肌爆發力下拉：以每組 12 到 15 下的負荷完成 5 組
- 立拳二頭肌彎舉 (hammer curl)：以每組 15 到 20 下的負荷完成 5 組

第四天 恢復日

第五天 上肢訓練

- 斜板二頭肌彎舉：以每組 8 到 12 下的負荷完成 5 組
- 仰臥槓鈴肱三頭肌上推：以每組 12 到 15 下的負荷完成 5 組
- 二頭肌彎舉（搭配固定機台或纜繩機）：以每組 100 下的負荷完成 2 組
- 高滑輪肱三頭肌下拉：以每組 100 下的負荷完成 2 組

第六天 腿部訓練

- 腰帶深蹲：以每組 8 到 12 下的負荷完成 4 組
- 硬舉：以每組 8 到 12 下的負荷完成 4 組
- 腿伸展：以每組 10 到 15 下的負荷完成 4 組
- 臀腿屈舉：以每組 10 到 15 下的負荷完成 3 組
- 腰帶負重舉踵：以每組 15 到 20 下的負荷完成 4 組

第七天 恢復日

課表 B：上肢訓練每週共計兩次，其他各部位肌群維持每週訓練兩次

第一天 上肢訓練

- 低滑輪肱二頭肌爆發力彎舉：以每組 6 到 12 下的負荷完成 5 組
- 高滑輪肱三頭肌爆發力下拉：以每組 12 到 15 下的負荷完成 5 組
- 反向肱二頭肌彎舉：以每組 12 到 15 下的負荷完成 5 組
- 肱二頭肌彎舉 (搭配固定機台或纜繩機)：以每組 100 下的負荷完成 1 組
- 高滑輪肱三頭肌下拉：以每組 100 下的負荷完成 1 組

第二天 背部 / 肩部 / 胸部訓練

- 硬舉，注意維持背闊肌穩定收縮：以每組 6 到 12 下的負荷完成 5 組
- 站姿單臂啞鈴側平舉：以每組 12 到 15 下的負荷完成 4 組
- 斜板胸部飛鳥：以每組 15 到 20 下的負荷完成 3 組
- 高滑輪下拉：以每組 25 到 50 下的負荷完成 3 組 (隨著肌肉疲乏累積降低負荷)
- 滑輪夾胸運動：以每組 12 到 20 下的負荷完成 4 組 (隨著肌肉疲乏累積降低負荷)

第三天 腿部訓練

- 腰帶深蹲：以每組 8 到 12 下的負荷完成 4 組
- 腿部推蹬：以每組 8 到 12 下的負荷完成 4 組
- 俯臥腿部彎舉：以每組 10 到 15 下的負荷完成 4 組
- 臀腿屈舉：以每組 10 到 15 下的負荷完成 3 組
- 腰帶負重舉踵：以每組 15 到 20 下的負荷完成 4 組

第四天 恢復日

第五天 上肢訓練

- 高滑輪肱三頭肌爆發力下拉：以每組 12 到 15 下的負荷完成 5 組
- 低滑輪肱二頭肌爆發力彎舉：以每組 6 到 12 下的負荷完成 5 組
- 立拳二頭肌彎舉：以每組 12 到 15 下的負荷完成 5 組
- 高滑輪肱三頭肌下拉：以每組 100 下的負荷完成 1 組
- 肱二頭肌彎舉 (搭配固定機台或纜繩機)：以每組 100 下的負荷完成 1 組

第六天 肩部 / 胸部 / 背部訓練

- 站姿單臂啞鈴側平舉：以每組 12 到 15 下的負荷完成 4 組
- 胸部飛鳥：以每組 15 到 20 下的負荷完成 3 組
- 高滑輪下拉：以每組 25 到 50 下的負荷完成 3 組 (隨著肌肉疲乏累積降低負荷)
- 前傾單臂啞鈴側平舉：以每組 12 到 15 下的負荷完成 3 組
- 滑輪夾胸運動：以每組 12 到 20 下的負荷完成 3 組 (隨著肌肉疲乏累積降低負荷)
- 背槓聳肩運動：以每組 12 到 20 下的負荷完成 3 組

第七天 恢復日

強化上胸肌肉

如果要針對上胸部肌群做補強，課表的編排就必須減少肱三頭肌與前三角肌的代償，專注在胸肌的收縮，並減少其他上臂與肩部肌群的訓練動作，讓胸肌有足夠的恢復時間。

課表 A：胸部訓練每週共計三次，其他各部位肌群維持每週訓練一次

第一天 胸部訓練

- 臥推：以每組 6 到 12 下的負荷完成 4 組
- 雙槓推撐：以每組 12 到 15 下的負荷完成 3 組
- 斜板胸部飛鳥：以每組 15 到 20 下的負荷完成 3 組
- 滑輪夾胸運動：以每組 100 下的負荷完成 1 組

第二天 腿部訓練

- 腰帶深蹲：以每組 8 到 12 下的負荷完成 4 組
- 坐姿腿部彎舉：以每組 10 到 15 下的負荷完成 4 組
- 腿部推蹬：以每組 10 到 12 下的負荷完成 3 組
- 俯臥腿部彎舉：以每組 10 到 15 下的負荷完成 3 組
- 腰帶負重舉踵：以每組 15 到 20 下的負荷完成 4 組

第三天 胸部 / 背部訓練

- 岡底爾式聳肩：以每組 20 到 25 下的負荷完成 4 組
- 槓鈴划船：以每組 8 到 12 下的負荷完成 3 組
- 斜板飛鳥：以每組 20 到 25 下的負荷完成 3 組
- 硬舉，注意維持背闊肌穩定收縮：以每組 8 到 12 下的負荷完成 3 組
- 滑輪夾胸運動：以每組 100 下的負荷完成 1 組

第四天 恢復日

第五天 胸部訓練

- 斜板胸推機台訓練：以每組 6 到 12 下的負荷完成 5 組
- 斜板胸部飛鳥：以每組 15 到 20 下的負荷完成 3 組
- 岡底爾式聳肩：以每組 30 下的負荷完成 1 組（隨著肌肉疲乏累積降低負荷）
- 滑輪夾胸運動：以每組 100 下的負荷完成 1 組

第六天 肩部 / 手臂與胸部肌群活化訓練

- 站姿單臂啞鈴側平舉：以每組 10 到 12 下的負荷完成 4 組
- 前傾單臂啞鈴側平舉：以每組 12 到 15 下的負荷完成 4 組
- 低滑輪肱二頭肌爆發力彎舉：以每組 6 到 12 下的負荷完成 4 組
- 岡底爾式聳肩：以每組 20 到 25 下的負荷完成 4 組
- 反向二頭肌彎舉：以每組 12 到 15 下的負荷完成 3 組
- 滑輪夾胸運動：以每組 100 下的負荷完成 1 組

第七天 恢復日

課表 B：胸部訓練每週共計三次，其他各部位肌群維持每週訓練兩次

第一天 胸部 / 背部訓練

- 斜板臥推：以每組 6 到 12 下的負荷完成 5 組
- 槓鈴划船：以每組 8 到 12 下的負荷完成 3 組
- 滑輪夾胸運動：以每組 100 下的負荷完成 1 組
- 硬舉，注意維持背闊肌穩定收縮：以每組 6 到 12 下的負荷完成 5 組

第二天 腿部訓練

- 腰帶深蹲：以每組 8 到 12 下的負荷完成 4 組
- 坐姿腿部彎舉：以每組 10 到 15 下的負荷完成 4 組
- 腿部推蹬：以每組 10 到 12 下的負荷完成 3 組
- 腰帶負重舉踵：以每組 15 到 20 下的負荷完成 4 組

第三天 胸部 / 肩部 / 手臂訓練

- 岡底爾式聳肩：以每組 20 到 25 下的負荷完成 4 組
- 斜板胸部飛鳥：以每組 20 到 25 下的負荷完成 2 組
- 前傾單臂啞鈴側平舉：以每組 8 到 12 下的負荷完成 3 組
- 低滑輪肱二頭肌爆發力彎舉：以每組 6 到 12 下的負荷完成 3 組
- 滑輪夾胸運動：以每組 100 下的負荷完成 1 組

第四天 恢復日

第五天 背部 / 胸部 / 肩部 / 手臂訓練

- 岡底爾式聳肩：以每組 20 到 25 下的負荷完成 4 組
- 斜板胸部飛鳥：以每組 15 到 20 下的負荷完成 3 組
- 槓鈴划船：以每組 8 到 12 下的負荷完成 4 組
- 站姿單臂啞鈴側平舉：以每組 8 到 12 下的負荷完成 3 組
- 低滑輪肱二頭肌爆發力彎舉：以每組 6 到 12 下的負荷完成 3 組
- 滑輪夾胸運動：以每組 100 下的負荷完成 1 組

第六天 腿部訓練

- 哈克深蹲：以每組 8 到 12 下的負荷完成 4 組
- 腰帶深蹲：以每組 15 到 20 下的負荷完成 3 組
- 臀腿屈舉：以每組 10 到 15 下的負荷完成 4 組
- 腰帶負重舉踵：以每組 15 到 20 下的負荷完成 4 組

第七天 恢復日

強化肩部後側肌群

課表 A：肩部後側肌群訓練每週共計兩次，其他各部位肌群維持每週訓練一次

第一天 肩後肌群 / 背部訓練

- 前傾單臂啞鈴側平舉：以每組 12 到 15 下的負荷完成 5 組
- 槓鈴划船：以每組 8 到 12 下的負荷完成 5 組
- 水平後拉：以每組 12 到 20 下的負荷完成 3 組
- 高滑輪下拉：以每組 25 到 50 下的負荷完成 3 組（隨著肌肉疲乏累積降低負荷）
- 背槓聳肩運動：以每組 12 到 20 下的負荷完成 3 組

第二天 腿部訓練

- 腰帶深蹲：以每組 8 到 12 下的負荷完成 4 組
- 坐姿腿部彎舉：以每組 10 到 15 下的負荷完成 4 組
- 機台深蹲：以每組 10 到 12 下的負荷完成 3 組
- 臀腿屈舉：以每組 10 到 15 下的負荷完成 3 組
- 腰帶負重舉踵：以每組 15 到 20 下的負荷完成 4 組

第三天 肩後肌群 / 胸部訓練

- 前傾單臂啞鈴側平舉：以每組 12 到 15 下的負荷完成 3 組
- 水平後拉：以每組 12 到 20 下的負荷完成 3 組
- 平地臥推：以每組 6 到 12 下的負荷完成 5 組
- 滑輪夾胸運動：以每組 12 下到 20 下的負荷完成 4 組
- 前傾雙手啞鈴側平舉（或搭配機台）：以每組 100 下的負荷完成 1 組

第四天 恢復日

第五天 肩部訓練

- 斜上推舉：以每組 8 到 12 下的負荷完成 5 組
- 前傾單臂啞鈴側平舉：以每組 12 到 15 下的負荷完成 5 組
- 站姿單臂啞鈴側平舉：以每組 12 到 15 下的負荷完成 5 組
- 前傾雙手啞鈴側平舉（或搭配機台）：以每組 100 下的負荷完成 1 組

第六天 手臂 / 肩後肌群活化訓練

- 高滑輪肱三頭肌爆發力下拉：以每組 12 到 15 下的負荷完成 4 組
- 背槓聳肩運動：以每組 12 到 20 下的負荷完成 3 組
- 低滑輪肱二頭肌爆發力彎舉：以每組 8 到 12 下的負荷完成 4 組
- 直體雙槓推撐：以每組 12 到 20 下的負荷完成 3 組
- 前傾雙手啞鈴側平舉（或搭配機台）：以每組 100 下的負荷完成 1 組

第七天 恢復日

課表 B：肩部後側肌群訓練每週共計兩次，其他各部位肌群維持每週訓練兩次

第一天 肩後肌群 / 胸部 / 背部訓練

- 前傾單臂啞鈴側平舉：以每組 12 到 15 下的負荷完成 5 組
- 平地臥推：以每組 6 到 12 下的負荷完成 5 組
- 槓鈴划船：以每組 8 到 12 下的負荷完成 5 組
- 高滑輪下拉：以每組 25 到 50 下的負荷完成 3 組（隨著肌肉疲乏累積降低負荷）
- 背槓聳肩運動：以每組 12 到 20 下的負荷完成 3 組

第二天 腿部訓練

- 腰帶深蹲：以每組 8 到 12 下的負荷完成 5 組
- 機台深蹲：以每組 10 到 12 下的負荷完成 4 組
- 臀腿屈舉：以每組 10 到 15 下的負荷完成 5 組
- 腰帶負重舉踵：以每組 15 到 20 下的負荷完成 4 組

第三天 肩後肌群 / 手臂訓練

- 斜上推舉：以每組 8 到 12 下的負荷完成 5 組
- 站姿單臂啞鈴側平舉：以每組 12 到 15 下的負荷完成 5 組
- 背槓聳肩運動：以每組 12 到 20 下的負荷完成 3 組
- 低滑輪肱二頭肌爆發力彎舉：以每組 8 到 12 下的負荷完成 4 組
- 高滑輪肱三頭肌爆發力下拉：以每組 12 到 15 下的負荷完成 4 組
- 前傾雙手啞鈴側平舉（或搭配機台）：以每組 100 下的負荷完成 1 組

第四天 恢復日

第五天 肩後肌群 / 胸部 / 背部 / 手臂訓練

- 前傾單臂啞鈴側平舉：以每組 12 到 15 下的負荷完成 5 組
- 直體雙槓推撐：以每組 12 到 20 下的負荷完成 3 組
- 硬舉，注意維持背闊肌穩定收縮：以每組 6 到 12 下的負荷完成 5 組
- 低滑輪肱二頭肌爆發力彎舉：以每組 8 到 12 下的負荷完成 4 組
- 前傾雙手啞鈴側平舉（或搭配機台）：以每組 100 下的負荷完成 1 組

第六天 腿部訓練

- 硬舉：以每組 8 到 12 下的負荷完成 4 組
- 腰帶深蹲：以每組 8 到 12 下的負荷完成 5 組
- 坐姿腿部彎舉：以每組 10 到 15 下的負荷完成 4 組
- 腰帶負重舉踵：以每組 15 到 20 下的負荷完成 4 組

第七天 恢復日

強化背部肌群

如果要針對背部肌群做補強，課表編排就必須減少肱二頭肌的代償，專注在背部肌群的收縮，並減少其他上臂二頭肌的訓練動作，讓背部肌群有足夠的恢復時間。

課表 A：背部肌群訓練每週共計三次，其他各部位肌群維持每週訓練一次

第一天 背部訓練

- 配合機台做單臂划船：以每組 6 到 12 下的負荷完成 5 組
- 硬舉，注意維持背闊肌穩定收縮：以每組 6 到 12 下的負荷完成 5 組
- 背槓聳肩運動：以每組 12 到 20 下的負荷完成 3 組
- 背部反向伸展運動：以每組 20 到 30 下的負荷完成 3 組
- 高滑輪下拉：以每組 100 下的負荷完成 1 組

第二天 腿部訓練

- 腰帶深蹲：以每組 8 到 12 下的負荷完成 5 組
- 坐姿腿部彎舉：以每組 10 到 15 下的負荷完成 5 組
- 腿部推蹬：以每組 10 到 12 下的負荷完成 5 組
- 腰帶負重舉踵：以每組 15 到 20 下的負荷完成 4 組

第三天 背部 / 胸部訓練

- 硬舉，維持背闊肌收縮，搭配划船運動做超級組訓練：以每組 6 到 12 下的負荷連續完成 5 組超級組
- 斜板機台胸推：以每組 6 到 12 下的負荷完成 5 組
- 高滑輪下拉：以每組 12 到 15 下的負荷完成 3 組
- 雙槓推撐：以每組 12 到 15 下的負荷完成 3 組

第四天 恢復日

第五天 背部訓練

- 硬舉，維持背闊肌收縮，並搭配引體向上做超級組訓練：以每組 6 到 12 下的負荷連續完成 6 組超級組
- 高滑輪下拉：以每組 12 到 15 下的負荷完成 5 組後加上 1 組 100 下的力竭組
- 背部反向伸展運動：以每組 20 到 30 下的負荷完成 5 組

第六天 肩部 / 手臂肌群活化訓練

- 斜上推舉：以每組 8 到 12 下的負荷完成 5 組
- 前傾單臂啞鈴側平舉：以每組 12 到 15 下的負荷完成 4 或 5 組
- 站姿單臂啞鈴側平舉：以每組 10 到 12 下的負荷完成 4 或 5 組
- 高滑輪肱三頭肌爆發力下拉：以每組 12 到 15 下的負荷完成 4 組
- 背槓聳肩運動：以每組 12 到 20 下的負荷完成 3 組

第七天 恢復日

課表 B：背部肌群訓練每週共計三次，其他各部位肌群維持每週訓練兩次

第一天 背部 / 胸部 / 手臂訓練

- 硬舉，維持闊背收縮並搭配引體向上做超級組訓練：以每組 6 到 12 下的負荷連續完成 6 組超級組
- 雙槓推撐：以每組 12 到 15 下的負荷完成 5 組
- 斜板胸部飛鳥：以每組 15 到 20 下的負荷完成 3 組
- 高滑輪肱三頭肌爆發力下拉：以每組 12 到 15 下的負荷完成 4 組
- 背槓聳肩運動：以每組 12 到 20 下的負荷完成 3 組

第二天 腿部訓練

- 哈克深蹲：以每組 8 到 12 下的負荷完成 4 組
- 軀幹前傾的腰帶深蹲：以每組 8 到 12 下的負荷完成 4 組
- 臀腿屈舉：以每組 10 到 15 下的負荷完成 4 組
- 腰帶負重舉踵：以每組 15 到 20 下的負荷完成 4 組

第三天 背部 / 肩部訓練

- 槓鈴划船：以每組 8 到 12 下的負荷完成 3 組
- 站姿單臂啞鈴側平舉：以每組 10 到 12 下的負荷完成 4 組
- 高滑輪下拉：以每組 25 到 50 下的負荷完成 3 組（隨著肌肉疲乏累積降低負荷）
- 前傾單臂啞鈴側平舉：以每組 12 到 15 下的負荷完成 4 組
- 背槓聳肩運動：以每組 12 到 20 下的負荷完成 3 組
- 背部反向伸展運動：以每組 20 到 30 下的負荷完成 3 組

第四天 恢復日

第五天 背部 / 胸部 / 手臂訓練

- 硬舉，維持背闊肌收縮，搭配划船運動做超級組訓練：以每組 6 到 12 下的負荷連續完成 5 組超級組
- 高滑輪肱三頭肌爆發力下拉：以每組 12 到 15 下的負荷完成 4 組
- 背槓聳肩運動：以每組 12 到 20 下的負荷完成 3 組
- 滑輪夾胸運動：以每組 12 下到 20 下的負荷完成 3 組

第六天 腿部訓練

- 腿部推蹬：以每組 10 到 12 下的負荷完成 5 組
- 俯臥腿部彎舉：以每組 10 到 15 下的負荷完成 4 組
- 坐姿腿部彎舉：以每組 10 到 15 下的負荷完成 3 組
- 臀腿屈舉：以每組 10 到 15 下的負荷完成 3 組

第七天 恢復日

參考文獻

第 1 篇

■ 透視自己的解剖構造與身體型態

1. Caruso JF. *Anthropometry as a predictor of bench press performance done at different loads*. J Strength Cond Res 2012. 26: 2460.

■ 建立暖身程序

1. Taylor K. *Warm-up affects diurnal variation in power output*. Int J Sports Med 2011. 32: 185.
2. Offer G. *The endothermic ATP hydrolysis and crossbridge attachment steps drive the increase of force with temperature in isometric and shortening muscle*. J Physiol 2015. 593: 1997.
3. West DJ. *The influence of the time of day on core temperature and lower body power output in elite rugby union sevens players*. J Strength Cond Res 2014. 28: 1524.
4. Abad CC. *Combination of general and specific warm-ups improves leg-press one repetition maximum compared with specific warm-up in trained individuals*. J Strength Cond Res 2011. 25: 2242.
5. Point M. *Cryotherapy induces an increase in muscle stiffness*. Scand J Med Sci Sports 2017. 28: 260-266.
6. Rued G. *Sports injuries and illnesses during the 2015 Winter European Youth Olympic Festival*. Br J Sports Med 2016. 50: 631.
7. Spitz MG. *The effects of elapsed time after warm-up on subsequent exercise performance in a cold environment*. J Strength Cond Res 2014. 28: 1351.
8. Raccuglia M. *Post-warm-up muscle temperature maintenance: blood flow contribution and external heating optimisation*. Eur J Appl Physiol 2016. 116: 395.
9. Haapasalo H. *Knee injuries in leisure-time physical activities: a prospective one-year follow-up of a Finnish population cohort*. Int J Sports Med 2007. 28: 72.
10. Funakoshi T. *In vivo visualization of vascular patterns of rotator cuff tears using contrast-enhanced ultrasound*. Am J Sports Med 2010. 38: 2464.

■ 荷爾蒙波動導致關節過度活動

11. Wolf JM. *Serum relaxin levels in young athletic men are comparable with those in women*. Orthopedics 2013. 36: 128.
12. Faryniarz DA. *Quantitation of estrogen receptors and relaxin binding in human anterior cruciate ligament fibroblasts*. In Vitro Cell Dev Biol Anim 2006. 42: 176.
13. Galey S. *Immunohistological detection of relaxin binding to anterior cruciate ligaments*. Orthopedics 2003. 26: 1201.
14. Dragoo JL. *Trends in serum relaxin concentration among elite collegiate female athletes*. Int J Women's Health 2011. 19: 19.
15. Lubahn J. *Immunohistochemical detection of relaxin binding to the volar oblique ligament*. J Hand Surg 2006. 31: 80.
16. Negishi S. *The effect of relaxin treatment on skeletal muscle injuries*. Am J Sports Med 2005. 33: 1816.
17. Dehghan F. *The effect of relaxin on the musculoskeletal system*. Scand J Med Sci Sports 2014. 24: e220.
18. Okamura S. *Injuries and disorders among young ice skaters: relationship with generalized joint laxity and tightness*. Open Access J Sports Med 2014. 5: 191.
19. Cody EA. *Multidirectional instability in the female athlete*. Oper Techn Sports Med 2014. 22: 34.
20. Stijak L. *The influence of sex hormones on anterior cruciate ligament ruptures in males*. Knee Surg Sports Traum Arthro 2015. 23: 3578.
21. Dragoo JL. *Prospective correlation between serum relaxin concentration and anterior cruciate ligament tears among elite collegiate female athletes*. Am J Sports Med 2011. 39: 2175.
22. Kolber M. *Is there an acute loss of shoulder mobility following eccentric resistance training?* J Strength Cond Res 2014. 28: 08.
23. Romero-Franco N. *Short-term effects of anaerobic lactic exercise on knee proprioception of track and field athletes*. Isokinet Exerc Sci 2014. 22: 205.
24. Romero-Franco N. *Effects of an anaerobic lactic training session on the postural stability of athletes*. J Sports Med Phys Fit 2014. 55: 578-86.
25. Pranay J. *Muscle strength differences in healthy young adults with and without generalized joint hypermobility: a cross-sectional study*. BMC Sports Sci Med Rehab 2016. 8: 12.
26. Chahal J. *Generalized ligamentous laxity as a predisposing factor for primary traumatic anterior shoulder dislocation*. J Shoulder Elb Surg 2010. 19: 1238.
27. Edouard P. *Muscle injury is the principal injury type and hamstring muscle injury is the first injury diagnosis during top-level international athletics championships between 2007 and 2015*. Br J Sports Med 2016. 50: 619.
28. Lemley KJ. *Conditioned pain modulation predicts exercise-induced hypoalgesia in healthy adults*. Med Sci Sports Exerc 2015. 47: 176.
29. Ellingson LD. *Does exercise induce hypoalgesia through conditioned pain modulation?* Psychophysiol 2014. 51: 267.

■ 如何輪替運動避免慢性傷害

30. Jakobsen JR. *Composition and adaptation of human myotendinous junction and neighboring muscle fibers to heavy resistance training*. Scand J Med Sci Sports 2016. 27: 1547-1559.

■ 運動員是否能脫離 Wolff 定律？

31. Teichtahl AJ. *Wolff's law in action: a mechanism for early knee osteoarthritis*. Arthr Res Ther 2015. 17: 207.

■ 怎樣才是效果好又不會受傷的最佳活動幅度？

32. Pinto RS. *Effect of range of motion on muscle strength and thickness*. J Strength Cond Res 2012. 26: 2140.

33. Perrin C. *Could titin have a role in strain-induced injuries?* J Sport Health Sci 2017. 6: 143-144

34. Lepley LK. *Shifting the current clinical perspective: isolated eccentric exercise as an effective intervention to promote the recovery of muscle after injury.* J Sport Rehab 2017. 26: 122.

35. Brooks SV. *Injury to muscle fi bres after single stretches of passive and maximally stimulated muscles in mice.* J Physiol 1995. 488: 459.

第 2 篇

■ 進階訓練技巧

1. Bryanton MA. *Effect of relative intensity on lower extremity net joint moments during parallel squats: preliminary data.* J Strength Cond Res 2012. 26: S1.

2. Krol H. *Effect of barbell weight on the structure of the fl at bench press.* J Strength Cond Res 2017. 31: 1321.

3. Fonseca RM. *Changes in exercises are more effective than in loading schemes to improve muscle strength.* J Strength Cond Res 2014. 28: 3085.

4. Matta T. *Strength training's chronic effects on muscle architecture parameters of different arm sites.* J Strength Cond Res 2011. 25: 1711.

5. Wakahara T. *Nonuniform muscle hypertrophy: its relation to muscle activation in training session.* Med Sci Sports Exerc 2013. 45: 2158.

6. Earp JE. *Inhomogeneous quadriceps femoris hypertrophy in response to strength and power training.* Med Sci Sports Exerc 2015. 47: 2389.

7. Matta TT. *Heterogeneity of rectus femoris muscle architectural adaptations after two different 14-week resistance training programmes.* Clin Physiol Funct Imag 2014. 35: 210-215.

8. Franchi MV. *Architectural, functional, and molecular responses to concentric and eccentric loading in human skeletal muscle.* Acta Physiol (Oxf.) 2014. 210: 642.

9. Rodrigues B. *The effect of two different rest intervals on the number of repetitions in a training session.* Serb J Sports Sci 2012. 1.

10. Senna G. *The effect of rest interval length on multi and single-joint exercise performance and perceived exertion.* J Strength Cond Res 2011. 25: 3157.

11. Willardson JM. *The effect of load reductions on repetition performance for commonly performed multijoint resistance exercises.* J Strength Cond Res 2012. 26: 2939.

12. Bevan HR. *Complex training in professional rugby players: infl uence of recovery time on upperbody power output.* J Strength Cond Res 2009. 23: 1780.

13. Nibali ML. *Considerations for determining the time course of post-activation potentiation.* Physiol Appl Nutr Metab 2015. 40: 1163-70.

14. Ferreira SL. *Postactivation potentiation: effect of various recovery intervals on bench press power performance.* J Strength Cond Res 2012. 26: 739.

15. Khairullin RA. *Pre-competition warmup.* Weightlifting Yearbook 1985. p. 51.

16. Thatcher R. *The infl uence of recovery duration after heavy resistance exercise on sprint cycling performance.* J Strength Cond Res 2012. 26: 3089.

17. Popov DV. *The infl uence of resistance exercise intensity and metabolic stress on anabolic signaling and the expression of myogenic genes in skeletal muscle.* Muscle Nerve 2014. 1: 432-42.

18. Otsuki A. *Gender differences in muscle blood reduction in the tibialis anterior muscle during passive plantarfl exion.* Clin Physiol Funct Imag 2016. 36: 421.

19. Kruse NT. *Effect of self-administered stretching on NIRS-measured oxygenation dynamics.* Clin Physiol Funct Imag 2015. 36: 126-33.

20. Otsuki A. *Muscle oxygenation and fascicle length during passive muscle stretching in ballet- trained subjects.* Int J Sports Med 2011. 32: 496.

21. Ashley P. *Oral health and elite sport performance.* Br J Sports Med 2015. 49: 3.

22. Amis TC. *Oral airway fl ow dynamics in healthy humans.* J Physiol 1999. 15: 293.

23. Dunn-Lewis C. *The effects of a customized over-the-counter mouth guard on neuromuscular force and power production in trained men and women.* J Strength Cond Res 2012. 26: 1085.

24. Golem DL. *The effects of over-the-counter jaw-repositioning mouth guards on dynamic balance, fl exibility, agility, strength, and power in college-aged male athletes.* J Strength Cond Res 2015. 29: 500.

25. Morales J. *Acute effects of jaw clenching using a customized mouthguard on anaerobic ability and ventilatory fl ows.* Hum Mov Sci 2015. 44: 270.

26. Dickerman RD. *Middle cerebral artery blood fl ow velocity in elite power athletes during maximal weight-lifting.* Neurol Res 2000. 22: 337.

27. Lepley AS. *Effects of weightlifting and breathing technique on blood pressure and heart rate.* J Strength Cond Res 2010. 24: 2179.

28. Mousavi SR. *Measurement of in vivo cerebral volumetric strain induced by the Valsalva maneuver.* J Biomech 2014. 47: 1652.

■ 高科技肌力訓練方式

1. Sato Y. *The history and future of KAATSU Training.* Int J Kaatsu Train Res 2005. 1: 1.

2. Takarada Y. *Rapid increase in plasma growth hormone after low-intensity resistance exercise with vascular occlusion.* J Appl Physiol 1985. 88: 61.

3. Abe T. *Day-to-day change in muscle strength and MRI-measured skeletal muscle size during 7 days KAATSU resistance training: a case study.* Int J Kaatsu Train Res 2005. 1: 71.

4. Loenneke JP. *The acute response of practical occlusion in the knee extensors.* J Strength Cond Res 2010. 24: 2831.

5. Counts BR. *The infl uence of relative blood fl ow restriction pressure on muscle activation and muscle adaptation.* Muscle Nerve 2015. 53: 438-45.

6. Cayot TE. *Effects of blood fl ow restriction duration on muscle activation and microvascular oxygenation during low-volume isometric exercise.* Clin Physiol Funct Imag 2015. 36: 298-305.

7. Vieira PJC. *Hemodynamic responses to resistance exercise with restricted blood fl ow in young and older men.* J Strength Cond Res 2013. 27: 2288.

8. Tanimoto M. *Effects of low-intensity resistance exercise with slow movement and tonic force generation on muscular function in young men.* J Appl Physiol 1985. 100: 1150.

9. Martin-Hernandez J. *Changes in muscle architecture induced by low load blood fl ow restricted training.* Acta Physiol Hung 2013. 100: 411.

10. Yamanaka T. *Occlusion training increases muscular strength in division IA football players.* J Strength Cond Res 2012. 26: 2523.

旗標官方網站

優質運動健身書

● FB 官方粉絲專頁:旗標知識講堂、優質運動健身書

● 旗標「線上購買」專區:您不用出門就可選購旗標書!

● 如您對本書內容有不明瞭或建議改進之處,請連上
旗標網站,點選首頁的 [聯絡我們] 專區。

若需線上即時詢問問題,可點選旗標官方粉絲專頁
留言詢問,小編客服隨時待命,盡速回覆。

若是寄信聯絡旗標客服email,我們收到您的訊息後,
將由專業客服人員為您解答。

我們所提供的售後服務範圍僅限於書籍本身或內
容表達不清楚的地方,至於軟硬體的問題,請直接
連絡廠商。

學生團體　　訂購專線:(02)2396-3257 轉 362
　　　　　　傳真專線:(02)2321-2545

經銷商　　　服務專線:(02)2396-3257 轉 331
　　　　　　將派專人拜訪
　　　　　　傳真專線:(02)2321-2545

國家圖書館出版品預行編目資料

進階肌力訓練解剖聖經 2 – 高手只做不說的關鍵檔案
(附加大手繪肌肉解剖圖) /
Frédéric Delavier, Michael Gundill 著;
林晉利, 萬明岳, 李恆儒, 宋季純 合譯
-- 第一版. -- 臺北市:旗標,2020.09　面;　公分

譯自:La méthode delavier de musculation vol. 3

ISBN 978-986-312-646-1 (精裝)

1.運動訓練　2.體能訓練　3.肌肉

528.923　　　　　　　　　　　　109013066

作　　者╱Frédéric Delavier,
　　　　　Michael Gundill

插　　畫╱Frédéric Delavier

攝　　影╱Michael Gundill

模 特 兒╱Yann, Lucas Gouiffes,
　　　　　Manuel Dinis, Loïc Zine,
　　　　　Djalil, Nicolas Gomez

翻譯著作人╱旗標科技股份有限公司

發 行 所╱旗標科技股份有限公司
　　　　　台北市杭州南路一段15-1號19樓

電　　話╱(02)2396-3257(代表號)

傳　　真╱(02)2321-2545

劃撥帳號╱1332727-9

帳　　戶╱旗標科技股份有限公司

監　　督╱陳彥發

執行編輯╱孫立德

美術編輯╱陳慧如

封面設計╱陳慧如

校　　對╱孫立德

新台幣售價:680 元

西元 2022 年 5 月 初版 4 刷

行政院新聞局核准登記-局版台業字第 4512 號

ISBN　978-986-312-646-1

Originally published in French under the title:
La Méthode Delavier de musculation **vol. 3**, 1st
edition by Éditions Vigot, Paris, France, 2018.

進階肌力訓練
La methode Delavier de musculation III
解剖聖經 **2**

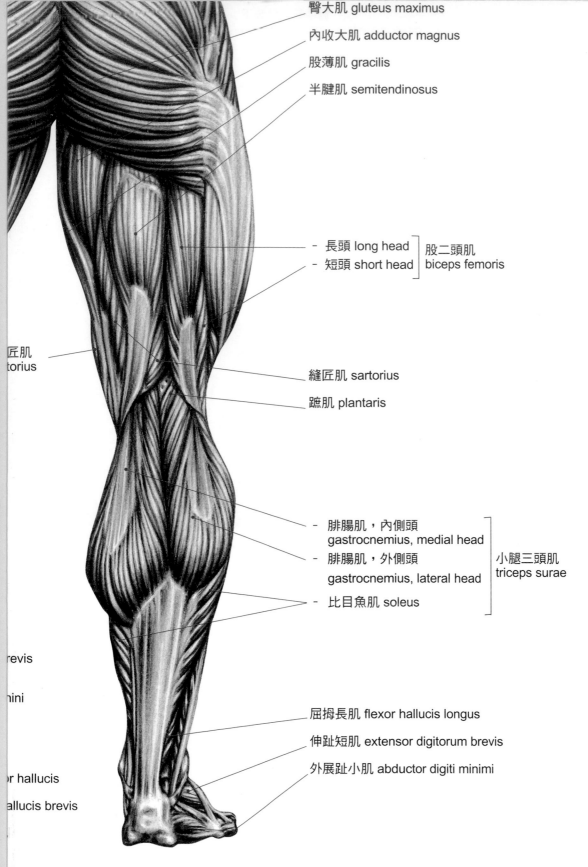

臀大肌 gluteus maximus

內收大肌 adductor magnus

股薄肌 gracilis

半腱肌 semitendinosus

- 長頭 long head
- 短頭 short head } 股二頭肌 biceps femoris

匠肌
torius

縫匠肌 sartorius

蹠肌 plantaris

腓腸肌，內側頭
gastrocnemius, medial head

腓腸肌，外側頭
gastrocnemius, lateral head

比目魚肌 soleus

小腿三頭肌
triceps surae

revis

nini

屈拇長肌 flexor hallucis longus

伸趾短肌 extensor digitorum brevis

外展趾小肌 abductor digiti minimi

r hallucis

allucis brevis

transverse head

進階肌力訓練解剖聖經 2